www.ingramcontent.com/pod-product-compliance
Ingram Content Group UK Ltd.
Pitfield, Milton Keynes, MK11 3LW, UK
UKHW012248290726
14090UKWH00013B/524

9 786140 131507

سلسلة مذكرات طالب

1. مذكرات طالب.
2. قوانين الأخ الأكبر.
3. القشّة الأخيرة.
4. أيّام الكلاب.
5. الحقيقة المُرّة.
6. جنون المنزل.
7. العجلة الثالثة.
8. الحظّ العاثر.
9. الرحلة الشاقة.
10. أيّام زمان.
11. الخطة الفاشلة.
12. بقلمك أنت.
13. رحلة الأحلام.
14. الحرب الباردة.
15. كرة الدمار.
16. في القاع.

مذكرات طالب

في القاع

بقلم جيف كيني

AMULET BOOKS

الدار العربية للعلوم ناشرون
Arab Scientific Publishers, Inc.

بِسْمِ اللَّهِ الرَّحْمَٰنِ الرَّحِيمِ

يتضمن هذا الكتاب ترجمة الأصل الإنكليزي
DIARY OF A WIMPY KID: The Deep End
حقوق الترجمة العربية مرخّص بها قانونياً من الناشر
Wimpy Kid, Inc.
بمقتضى الاتفاق الخطي الموقّع بينه وبين الدار العربية للعلوم ناشرون، ش.م.ل.

First published in the English language in 2019
By Amulet Books, an imprint of Harry N. Abrams, Inc., New York
Original English title: Diary of a Wimpy Wrecking Ball

الطبعة الأولى
1442 هـ - 2021 م

ردمك 978-614-01-3150-7

عين التينة، شارع المفتي توفيق خالد، بناية الريم
هاتف: 786233 - 785108 - 785107 (1-961+)
ص.ب: 5574-13 شوران - بيروت 2050-1102 - لبنان
فاكس: 786230 (1-961+) - البريد الإلكتروني: asp@asp.com.lb
الموقع على شبكة الإنترنت: http://www.asp.com.lb

التنضيد وفرز الألوان: **أبجد غرافيكس**، بيروت - هاتف 785107 (1-961+)
الطباعة: **مطابع الدار العربية للعلوم**، بيروت - هاتف 786233 (1-961+)

إلى ريان

أغسطس

<u>الخميس</u>

أنا أحبّ أفراد أسرتي وأكنّ لهم قدراً كبيراً من الاحترام، لكنّني لا أرى أيّ داعٍ لتمضية أربع وعشرين ساعة في اليوم معهم، على مدار الأسبوع. غير أنّ هذا بالضبط ما أصبح عليه نمط حياتنا هنا مؤخّراً.

لست أنا وحدي من سئم من هذا الوضع، بل جميعنا بدأنا نفقد صوابنا قليلاً. وإذا استمرّت الأمور على هذا المنوال ولم يتغيّر شيء قريباً، فإنّنا سنسقط في القاع.

تقول أمّي إنّنا حبيسو المنزل منذ مدّة طويلة، ونحتاج ببساطة إلى عطلة لتغيير الأجواء. ولكن ما نحتاج إليه حقّاً هو عطلة من بعضنا البعض.

غير أنّ ذلك لن يتحقّق في المدى المنظور، لأنّنا لا نملك المال. تسألون عن السبب؟ إنّها قصّة طويلة بعض الشيء.

أعيش وأسرتي في قبو جدّتي منذ شهرين تقريباً، ولا أدري حقّاً كم ستطول إقامتنا هناك على هذه الحال. تردّد أمّي دائماً أنّنا سنتذكّر يوماً ما هذه الفترة الصعبة من حياتنا ونبتسم، لكن من السهل عليها قول ذلك، إذ ليست هي من ينام في سرير ضيّق مع رودريك كلّ ليلة.

الغريب في الأمر أنّ المنزل الذي تقطنه جدّتي كبير جدّاً ولا تنقصه الغرف، لذلك لا أفهم بتاتاً سبب مكوثنا جميعاً في هذا القبو الصغير. في الواقع، عندما وصلنا، وضعت عيني فوراً على غرفة الضيوف الفسيحة. لكن بحسب جدّتي، كانت الغرفة محجوزة أساساً.

بصراحة، أنا لا أعتقد أنّ جدّتي سعيدة حقّاً بإقامتنا معها في منزل واحد. فكلّما أتت صديقاتها لزيارتها، تطلب منّا البقاء بعيداً عن الأنظار.

وهذا الوضع غير مريح نوعاً ما لأنّ القبو لا يحتوي على حمّام، وكثيراً ما تطول زيارة صديقاتها.

يُمنع علينا استعمال المطبخ عندما تستقبل جدّتي صديقاتها، وهذا يعني أنّنا لا نستطيع تناول العشاء إلّا بعد رحيلهن. لكن في الليلة الماضية، سئم رودريك من الانتظار على ما أعتقد، فسخّن بعض بقايا البيتزا في آلة تجفيف الملابس.

ما من تلفاز في قبو جدّتي، لذلك لا يمكننا أن نتسلّى سوى مع بعضنا البعض. وصدّقوني، هذا ليس كافياً لكسر الملل.

تقول أمّي إنّ الملل أمر جيّد لأنّه يدفع الإنسان إلى استعمال خياله. ولكن كلّما حاولتُ تشغيل خيالي، ينتهي بي الأمر في المكان نفسه تماماً.

وما يزيد الأمور تعقيداً أنّ أبي يعمل من المنزل هذا الصيف، وهذا يعني أنّه متواجد معنا على الدوام. وكلّما كان لديه اجتماع، يتعيّن علينا نحن البقيّة أن نتظاهر أنّنا لسنا هناك.

لكن هذا ليس دائماً بالأمر السهل، لا سيّما عند وجود طفل بعمر الثالثة في الأسرة.

معظم الوقت، أحاول أن أشغل نفسي بشيء ما. كان لدى جدّتي مجموعة من قطع البازل في القبو، وركّبت عدداً من اللوحات بمفردي. لكن ما يثير أعصابي أنّ أمّي تصرّ دائماً على جعل ماني يضع القطعة الأخيرة بنفسه لكي يشعر بالرضى.

برأيي، لا أعتقد أنّ أمّي تصنع معروفاً لماني بتدليله ومعاملته كطفل صغير. وقد زادت الأمور عن حدّها بالفعل منذ أن أتينا للعيش في منزل جدّتي.

في بعض الأحيان، نتشارك في لعبة طاولة بعد العشاء كأسرة. لكنّ ماني لا يستطيع حفظ مجموعة القواعد المعقّدة التي تشتمل عليها اللعبة. لذلك، ينتهي بنا الأمر بلعب شيء لا يتطلّب أيّ مهارة.

نخلد دائماً إلى الفراش قبل أن يحلّ الظلام في الخارج، لأنّنا ملتزمون جميعاً ببرنامج ماني.

هذه الأيّام، يحبّ ماني أن تقرأ له أمّي قبل النوم قصّة السفينة المصوّرة. إنها قصة شخص عرف أنّ السماء ستمطر لفترة طويلة جدّاً، فبنى سفينة ضخمة لينجو بها من المطر.

كانت الصور في كتاب ماني عبارة عن رسومات كرتونية جميلة تجعل هذا الطوفان الهائل الذي أغرق نصف الأرض يبدو مسلّياً نوعاً ما.

ولكن أعتقد أنّ الرسوم لو كانت أكثر واقعية، ما الآباء والأمّهات ليشتروها لأولادهم الصغار.

لكن بالمناسبة، لديّ بعض التساؤلات حول قصّة السفينة. أوّلاً، أنا أستغرب لماذا سُمح لمخلوقات مثل الأفاعي والعقارب بالصعود على متن السفينة. فلو قدّر لي اختيار حيوانات لتسافر معي على متن سفينة، لما وافقت البتّة على صعود هذه الأنواع معي.

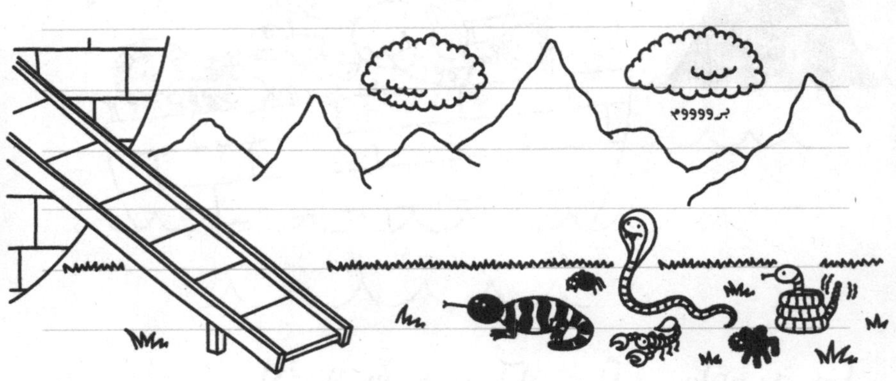

ولاستخدمت المساحة الإضافية لمزيد من الحيوانات المسالِمة، مثل الكلاب الصغيرة، والقنافذ، وأفراس النهر القزمة.

لحسن الحظّ، لم يُضطرّ الرجل لإفساح مجال على متن السفينة للحيتان والأسماك، وإلّا لكان احتاج إلى مساحة مَهولة.

ولكنني أسأل لماذا صعدت الطيور على السفينة فهي تستطيع الطيران؟

نحن لا نسمع إلّا عن الحيوانات التي صعدت إلى السفينة ونجت. ولكن أتساءل أحياناً ما إذا كان ثمّة حيوانات غريبة قد تُركَت لتلقى حتفها.

بحسب القصّة، بقي الرجل وزوجته وأولاده والحيوانات على متن السفينة حتى توقف هطول المطر.

هكذا، كلّما شعرت بالأسف على نفسي وأنا مقيم في قبو جدّتي مع أفراد أسرتي، أفكّر فيه، وهذا ما يُشعرني بالتحسّن.

تردّد أمّي باستمرار أنّها مسرورة باجتماعنا معاً في مكان واحد، وتقول إنّ الوقت بات يمرّ بطيئاً. ومع أنّني لاحظت ذلك أنا الآخر، إلّا أنّني لا أجد هذا الأمر باعثاً على السرور.

من الأمور التي تجعل هذا الصيف يبدو لي طويلاً حقّاً أنّه لم يتسنَّ لي الذهاب إلى منزل راولي للعب معه. فقد سافر مع والدَيه لتمضية عطلة طويلة في أوروبا.

عندما أخبرني راولي بالخطط التي وضعتها أسرته، حاولتُ أن أرى ما إذا كان والداه يسمحان لي بمرافقتهم في تلك الرحلة. لكن أعتقد أنّ السيّد والسيّدة جيفرسون لا يتمتّعان بأيّ قدر من الذكاء، على عكس ما ظننت، لأنّهما لم يفهما تلميحاتي على الإطلاق.

لذا أعتقد أنّ راولي يمضي على الأرجح أسعد أوقات حياته، بينما أقوم أنا بتركيب خمسمائة قطعة بازل في قبو جدّتي.

أعتقد أنّ أمّي تشعر بالأسف لأنّنا غير قادرين على تمضية عطلة مميّزة هذا الصيف، لذلك تحاول منذ مدّة التعويض عن ذلك.

قالت لنا إنّه بإمكاننا الذهاب أينما طاب لنا إذا استعملنا خيالنا وحسب. لكن بصراحة، لم يعد هذا الأمر يُحدث أيّ أثر لديّ.

أعتقد أنّ أمّي سئمت أخيراً من هذا الوضع هي أيضاً، لأنّها دعتنا في الليلة الفائتة إلى "اجتماع عائلي" بعد العشاء لاستطلاع أفكارنا حول عطلة يمكننا تحمّل تكاليفها. لكنّ المشكلة أنّ كلّاً منّا كانت لديه فكرة مختلفة لكيفيّة تمضية وقت ممتع.

أراد أبي أن نذهب في رحلة بالسيّارة لزيارة مجموعة من ساحات الحرب الأهلية والمشاركة في إعادة تمثيلها. لكن لم يتحمّس أيّ منّا لفكرة ارتداء بدلات صوفية في منتصف شهر أغسطس.

أمّا ماني، فكان يرغب في الذهاب في رحلة سفاري إلى بحيرة سيلفر، التي كنّا نزورها كثيراً في صغري. لكنّ الحيوانات في ذلك المكان تبدو دائماً حزينة للغاية، لا سيّما الحمار الذي تمّ طلاؤه على شكل حمار وحشي.

قالت أمّي إنّه بإمكاننا توفير المال من خلال بقائنا على مقربة من المنزل وزيارة أماكن في منطقتنا. لكنّني شاركت في عدد كبير من الرحلات الميدانية مع المدرسة، وأشعر أنّني بتّ أعرف هذه البلدة مثل كفّ يدي.

وحدنا أنا ورودريك استطعنا الاتّفاق على نشاط واحد نرغب في القيام به. فقد صوّتنا نحن الاثنان للذهاب إلى مدينة الملاهي المائيّة، التي قد تكون كلفتها زهيدة جدّاً، لأنّ جدّتي استلمت للتوّ بطاقات بنصف الثمن عبر البريد.

كما أنّهم افتتحوا قطاراً جديداً يقفز على السكّة، ويفترض أن يكون ركوبه ممتعاً على نحو جنونيّ.

قالت أمّي إنّ ألعاب مدينة الملاهي المائيّة مخيفة جدّاً بالنسبة إلى ماني. لذلك اقترحت علينا أن نذهب في رحلة إلى قرية القصص الخرافية التي تتضمّن نشاطات تناسب كلّ الأعمار. لكنّنا أنا ورودريك اكتفينا لبقيّة حياتنا من زيارة الآنسة مافيت بالعربة البطيئة.

بما أنّنا لم نستطع الاستقرار على رأي واحد، اقترحتُ أن يمضي كلّ منّا العطلة على هواه، ثمّ نقيم عرض شرائح للصور التي التقطناها خلال رحلاتنا بعد عودتنا.

قالت أمّي إنّ الهدف من الذهاب في رحلة عائلية هو أن نستمتع كلّنا معاً. وأضافت أنّنا يوماً ما سنتفرّق نحن الأولاد ويذهب كلّ منّا في طريقه، وأنّ الوقت ينفد وعلينا استغلاله لتكوين ذكريات سعيدة لنا كأسرة.

لكن صدّقوني، لكي تتمكّن هذه الأسرة من تكوين ذكريات سعيدة، فإنّها بحاجة إلى أعجوبة.

الاثنين

أخيراً، وجدنا طريقة يمكننا من خلالها تحمّل تكاليف عطلة عائلية هذا الصيف.

مساء يوم السبت، اتّصلت الجدّة غامي بأبي وسألته ما إذا كان يستطيع التخلّص من عربة الرحلات التي يملكها العمّ غاري، والمركونة في باحة منزلها منذ عامين.

يبدو أن العمّ غاري هرب للعمل كمهرّج في مسابقات رعاة البقر، ولا تعتقد الجدّة أنّه ينوي العودة قريباً.

في البداية، ثار غضب أبي لأنّه يضطرّ دائماً لتنظيف الفوضى التي يتسبّب بها العمّ غاري. لكنّ أمّي قالت له إنّ العربة هي الحلّ لمشاكل عطلتنا.

أكّــدت أمّــي أنّ سبب ارتفاع تكلفة الرحلات هي الاضطرار للإقامة في الفنادق وتناول الطعام في الخارج، الأمر الذي يكلّف كثيراً من المال. وعلى حدّ قولها، فإنّ العربة ستوفّر علينا كلا الأمرين.

هنا بـدأ أبـي يتحمّس للفكرة هو الآخـر. قـال إنّنا نستطيع الانطلاق في الرحلة، والتوقّف مساء متى طاب لنا ذلك، كما يمكننا أن نطهو طعامنا بأنفسنا أيضاً.

فرحنا أنــا وشقيقَيّ للغاية بفرصة الـخـروج من قبو جدّتي والاستمتاع بوقتنا أخيـراً، بحيث كنّا مستعدّين على الأرجح للموافقة على أيّ شيء.

قالت أمّي إنّنا سنخوض كثيراً من المغامرات الشيّقة في طريقنا، فبدأتُ أشعر بالحماسة أنا أيضاً حيال هذه الرحلة.

في الواقع، أحسستُ في تلك اللحظة بشيء من الأسف حيال راولي. فبينما هو عالق في متحف مملّ في الطرف الآخر من العالم، سأكون أنا في قمّة السعادة، أنتقل من مغامرة إلى أخرى.

انشغلنا خلال اليومين الفائتَين في حزم أمتعتنا من أجل العطلة. غير أنّني بدأت أتوتّر قليلاً لأنّ أمّي تأمل بتحويل هذه الرحلة إلى رحلة تربوية.

لكن صدّقوني، آخر ما يشغل بالي حالياً هو التعلّم.

الأربعاء

هذا الصباح، ذهبنا إلى المتجر لشراء مخزون الطعام من أجل الرحلة. بعد ذلك، قصدنا متجر لوازم التخييم لشراء كلّ ما نحتاج إليه بخلاف الأطعمة.

كنت متحمّساً للغاية، لأنه لم يسبق لنا أن اشترينا شيئاً بالفعل من متجر التخييم. كان أبي يصطحبنا أنا ورودريك إلى هناك عندما كنّا صغاراً، ولكن فقط لقتل الوقت صباح يوم السبت.

عندما وصلنا إلى متجر التخييم اليوم، تجوّل أبي فيه واختار بعض اللوازم الأساسيّة، مثل المصابيح، والخيم، وبعض الكراسي.

أمّا أنا، فذهبت مباشرة إلى قسم العدّة الفاخرة. إذ فكّرت أنّنا إذا كنّا نرغب في خوض هذه التجربة بالفعل، فإنّني أريد أن أكون مرتاحاً.

فاخترتُ أريكة قابلة للنفخ، وحذاء للمشي مع مراوح صغيرة مثبّتة في كعبَي الحذاء، بالإضافة إلى خفّاقة تعمل بالطاقة الشمسية يمكن أن نجهّز بها عصير الكرز في ثلاثين ثانية.

لكنّ أبي اعترض قائلاً إنّ هذه الأغراض ليست للمخيّمات الجدّية، وطلب منّي إعادتها.

قال لي أبي إنّنا سنمضي معظم وقتنا خلال هذه الرحلة خارج اليابسة. وتأكيداً على ذلك، اختار بضع صنانير للصيد. في الحقيقة، لا أعلم بشأن الآخرين، ولكنّ السمك الوحيد الذي سأتناوله يأتي على شكل أصابع.

أعتقد أنّ ماني ورودريك تحمّسا فعلاً لفكرة اصطيادنا السمك بأنفسنا، فذهبا فوراً لاختيار عدّتهما بنفسيهما.

غير أنّ أمّي أوقفتهما قبل أن يتماديا كثيراً.

شعر رودريك بخيبة كبيرة. في الواقع، أعتقد أنّه كان يخطّط لممارسة الصيد كرياضة خلال رحلتنا، لكي يتمكّن من تزيين المطبخ بالغنائم عند انتهاء أعمال الترميم في منزلنا.

بعدما فرغ أبي من التبضّع، أصبح جاهزاً للمحاسبة. لكن أعتقد أنّ أمّي لم تكن واثقة من أنّنا اخترنا النوع المناسب من عدّة التخييم، لذلك طلبت من البائع إلقاء نظرة على الأغراض للتأكّد من أنّنا اشترينا كلّ ما نحتاج إليه.

في الواقع، لا بدّ أنّ هذا الرجل خبير في فنّ البقاء في البراري أو شيء من هذا القبيل، لأنّه أتحفنا بكمّ هائل من النصائح. ولم يُشعرني أيّ منها بالثقة حيال تمضية أسبوعين في مخيّم.

قال البائع إنّ أوّل ما علينا أن نخشاه هو الدببة، لأنّ الأماكن التي ننوي أن نزورها تضمّ أعداداً هائلة منها. لكنّه طمأننا قائلاً إنّه سيزوّدنا ببعض الحِيَل لمساعدتنا على الدفاع عن أنفسنا، تحسّباً في حال ظهور أحدها.

بحسب ما قاله الرجل، أوّل ما علينا تذكّره هو ربط كيس النفايات دائماً، وتعليقه عالياً بغصن شجرة، ليبقى بعيداً عن متناول الدببة. ثمّ أضاف أنّنا إذا أردنا حقّاً أن نكون بأمان من هذه المخلوقات الضخمة، فيجب علينا شراء زجاجة من بول الذئاب ورشّه حول المخيّم كلّ ليلة، لأنّ رائحته تخيف الدببة وتمنعها من الاقتراب من المكان.

حاولت أن أتخيّل من يكون المسؤول عن جمع بول الذئاب، وعاهدت نفسي أن أبدأ بنَيل درجات أفضل في المدرسة لكي لا ينتهي بي الأمر في وظيفة كهذه.

ثمّ قال البائع إنّ الشيء الآخر الذي يجب أن نخشاه هو الحشرات، مثل البعوض والقُراد. ولذلك، يتوجّب علينا أن نرشّ أنفسنا دائماً بكمّية كبيرة من الرذاذ الطارد للحشرات.

وافقتُه تماماً على تلك الفكرة، لأنّ ألبرت ساندي روى لنا جميعاً ذات مرّة على طاولة الغداء قصّة ذلك الولد الذي استغرق في النوم في الهواء الطلق، فغافلته بعوضة وقامت بامتصاص دمه حتّى جفّ تماماً. وقد بدت لي تلك المِيتة مروّعة حقّاً.

كان التوتّر قد بلغ منّي مبلغاً عندما أخبرنا البائع بكلّ الأشياء الأخرى التي نحتاج إليها. قال إنّه علينا أن نأخذ معنا حقيبة إسعافات أوّلية لاستعمالها إذا ما أصيب أحدنا، وأعوادَ كبريت مقاوِمة للماء تحسّباً في حال تعرّضت أغراضنا للبلل.

بالإضافة إلى ذلك، نحن بحاجة إلى بوصلة نستعين بها إذا ضللنا طريقنا، ودواءً لعضّة الثعبان في حال تعرّض أحدنا لحادث كهذا، وبندقيّة مضيئة تُستعمَل إذا ساءت الأمور حقّاً.

أخيراً، عندما خرجنا من المتجر كنت مضطرباً إلى حدّ ما. والحقّ يقال، لم يعد قبو جدتي يبدو لي رهيباً إلى هذا الحدّ.

بدأت رحلتنا بداية متعثّرة يوم أمس. إذ يبدو أنّ البائع في متجر لوازم التخييم وتّر أبي إلى حدّ ما، لأنّنا بعدما دفعنا ثمن مشترياتنا، خرجنا مسرعين بعض الشيء. وكنّا قد قطعنا نصف الطريق المؤدّية إلى المنزل، عندما أدركنا أنّ رودريك ليس معنا. فما كان منّا إلّا أن عدنا أدراجنا.

توجّهنا بعد ذلك إلى منزل الجدّة غامي لإحضار عربة العمّ غاري. أظنّ أنّ أبي اعتقد أنّ العربة جاهزة للاستعمال على الفور، لكنّ الفوضى كانت تعمّها من الداخل.

أخبرني أبي ذات مرّة أنّه عندما اشترى العمّ غاري أوّل سيّارة له، كان شديد الحرص عليها. فوضع فيها بعض النفايات لكي لا يحاول أحد سرقتها. وأعتقد أنّ الفكرة راقت للعمّ غاري، فأعاد الكرّة مجدّداً عندما اشترى هذه العربة.

هكذا، أمضينا بعد ظهيرة ذلك اليوم في تنظيف العربة. وما كنت لأفاجأ على الإطلاق لو وجدنا العمّ غاري مدفوناً في مكان ما تحت تلك القمامة.

عندما أزلنا كلّ أثر للفوضى التي كانت تعمّ المكان، تمكّنّا أخيراً من تأمّل الداخل في ضوء جديد. ففهمت تماماً كيف استطاع العمّ غاري العيش في هذه العربة لعامين كاملَين، ذلك أنّها تحتوي على كلّ ما يمكن أن يحتاج إليه الإنسان في حياته اليومية.

كان في العربة فرن، ومغسلة، وطاولة طعام، وبرّاد صغير. هذا بالإضافة إلى حمّام مع دوش، ومساحة إضافية للنوم فوق المقوَد.

فركنا كلّ شيء بعناية، ولكن كلّما ظننّا أنّنا انتهينا من التنظيف، نعثر على غرض آخر من مخلّفات العمّ غاري.

أنا لا أقصد أن أكون فظّاً أو وقحاً، ولكن أتمنّى حقّاً أن يكون العمّ غاري قد اشترى بعض الملابس الجديدة منذ انتقاله.

بعدما زوّدتنا الجدّة غامي ببعض الشطائر التي أعدّتها بنفسها، ودّعناها وانطلقنا في طريقنا.

عندما انطلقنا، كان أبي في غاية الحماسة بشأن العربة. قال إنّه ما دام يستطيع العمل من أيّ مكان يريد، يمكننا العيش على الطريق حتّى انتهاء أعمال الترميم في منزلنا، وربّما حتّى لمدّة أطول.

ثمّ دخلت أمّي على الخطّ. قالت إنّنا نستطيع السفر إلى جميع أنحاء البلاد، وتسجيل مغامراتنا في أثناء ذلك لنصبح من تلك الأسر التي ذاع صيتها على الإنترنت.

كنت قد بدأت بالدخول في أجواء حياة العربة أنا الآخر.

أكثر ما أعجبني في الأمر أنّني أستطيع استخدام الحمّام وأنا مرتاح، بينما نحن نسير على الطريق السريع.

الشيء الوحيد الذي لم يرُق لي في عربة العمّ غاري أنّها لا تحتوي على أحزمة أمان في المساحة المخصّصة للمعيشة، الأمر الذي سبّب مشكلة كلّما داس أبي على الفرامل.

سمحت أمّي وأبي لماني بالجلوس على المقعد الأمامي ليشعر كما لو أنّه يقود العربة بنفسه. لكن سرعان ما أدركا أنهما ارتكبا حماقة عندما بدأ ماني يستند إلى البوق ويزعج بقيّة السائقين.

كانت بداية الرحلة مسلّية بالنسبة إلينا، فقد استمتعنا بالسير على الطريق السريع. لكن بعد مدّة من الوقت، أصبح كلّ شيء يبدو متشابهاً إلى حدّ ما. لذلك انصرفت أنا ورودريك لنتسلّى بألعابنا الإلكترونية لتمضية الوقت.

بعد ساعة من الزمن تقريباً، أعلنت أمّي أنّنا أمضينا وقتاً كافياً على الشاشات لهذا اليوم، وعلينا أن نترك الألعاب الإلكترونية من أيدينا لبعض الوقت.

في الأيّام العادية، عندما تقول لنا أمّي كفانا جلوساً أمام الشاشات، نأخذ استراحة قصيرة. ولكن ما إن تنصرف لتتابع أشغالها، حتّى نستأنف اللعب من جديد. وبعد فترة من الوقت، تسأم من الشجار معنا وتستسلم بكلّ بساطة، وهذا ما ظننّا أنّه سيحدث اليوم.

غير أنّ أمّي لم تكن تنوي الاستسلام إطلاقاً في هذه الرحلة. ولذلك عندما عدنا لحمل أجهزتنا الإلكترونية، أخذتها منّا، ووضعتها في صندوق بلاستيكي شفّاف مزوّد على سطحه بعدّاد للوقت.

عرفتُ ماهيّة ذاك الشيء العجيب حالما وقع نظري عليه، لأنّني رأيت إعلاناً عنه في إحدى مجلّات تربية الأولاد التي تقرأها أمّي.

أغلقَت أمّي غطاء الخزنة بإحكام، وضبطت العدّاد لمدّة ثلاث ساعات، ثمّ عادت إلى مقعدها في الجزء الأمامي من العربة. في الواقع، أيّاً يكن صاحب ذلك الاختراع العبقريّ، فقد كان يعرف تماماً ماذا يفعل، لأنّنا لم نجد أنا ورودريك أيّ طريقة لاختراقه.

أعطتنا أمّي بعض الأنشطة التي ابتكرتها بنفسها من أجل هذه الرحلة، وقالت إنّها ستشغلنا لبعض الوقت. ولكن لم يكن من المسلّي لعب بينغو الحياة البرّية بينما نحن عاجزَين عن التعرّف إلى نصف الحيوانات التي نراها على جانب الطريق.

بعد ساعة أو اثنتين من القيادة، بدأ أبي وأمّي يبحثان عن مكان نتوقّف فيه لأخذ استراحة.

رأينا في طريقنا لافتات عن "مناطق طبيعية خلّابة"، فتوقّف أبي عند مكان يدعى وادي الربيع.

فتحمّست أمّي وقالت إنّنا نشبه المستكشفين الذين يوشكون على زيارة أماكن جديدة. ولكن مع الأسف، سبقَنا إلى هذا المكان مستكشفون آخرون.

لم نعثر على مكان نركن فيه العربة، فتابعنا الطريق. وتكرّرت القصّة نفسها في الأماكن الثلاثة التالية التي حاولنا التوقّف فيها.

بلا شكّ، يجب أن أشعر أنّني محظوظ لأنّني ولدت في زمن الطبّ الحديث، والساعات الذكيّة، وأعواد البرتزل المحشوّة بزبدة الفستق. ولكن أتمنّى أحياناً لو كنت أعيش في حقبة أقدم بعض الشيء، لكي تتسنّى لي فرصة اكتشاف شيء ما.

فعندما يكتشف الإنسان شيئاً جديداً، يطلقون عليه اسمه.

لكن في أيّامنا، كلّ ما يستحقّ الاكتشاف سبق وتمّ اكتشافه.

ومهما يكن، لا يتمنّى أحد حقّاً أن يُطلَق اسمه على الفضلات.

في أحد الأيّام، قام المركز الفلكي في بلدتنا بجمع تبرّعات من الأهالي، وأعلن أنّ من يتبرّع بعشرة دولارات، يتمّ إطلاق اسمه على أحد الكواكب في مجرّة بعيدة، ويُعطى شهادة تؤكّد ذلك. فدفعت أمّي الدولارات العشرة، وما زالت تلك الشهادة معلّقة في غرفتي حتّى هذا اليوم.

لكن أتمنّى لو أنّ أمّي حرصت على كتابة اسمي مع شهرتي عندما ملأت ذلك النموذج، لأنّه من الممكن الآن لأيّ فتى يدعى غريغ أن يَحُطّ على كوكبي قبلي، ويعلن أنّ الكوكب مِلكه.

قال أبي إنّ غلطتنا أنّنا نقصد أماكن يعرفها كثير من الناس، ولكن إذا خرجنا عن الطريق الرئيس، فقد نجد مكاناً مميّزاً وغير مكتظّ بالزوّار.

هكذا، غادرنا الطريق السريع، وركّزنا انتباهنا بحثاً عن بقعة جميلة قد تستحقّ الزيارة.

وبالفعل، بعدما سلكنا بضع منعطفات أخرى، ظهرت أمامنا بحيرة صافية مثل الكريستال، ولم نرَ أحداً في الجوار.

كان مكيّف الهواء في عربة العمّ غاري معطّلاً، ولذلك كنّا جميعاً توّاقين لتبريد أجسادنا بعد تعب الطريق. فارتدينا ملابس السباحة بسرعة، وغطسنا في البحيرة.

استغرقنا برهة من الوقت قبل أن ندرك أنّه ثمّة خطب ما. فقد لاحظت ملايين الأشياء البرّاقة تحت السطح، وذهب فكري على الفور إلى أسماك البيرانا. وأنا واثق أنّ الفكرة نفسها تبادرت إلى أذهان الجميع.

كنت قد وصلت تقريباً إلى الشاطئ، عندما شعرت بمجموعة من الأفواه الصغيرة التي بدأت بالتهامي.

ظننت أنّ الأسماك تلتهمني حيّاً. ولكن أخيراً عندما خرجت من الماء، فوجئت أنّني لا أزال سليماً.

سليم تقريباً. فقد كان ثمّة خدش على ركبتي عندما نزلتُ إلى الماء، ولكن عندما خرجت، وجدت ركبتي نظيفة تماماً.

في تلك اللحظة، توقّفت عربة، وأطلّ من داخلها رجلان غاضبَان جدّاً.

عندها اكتشفنا أنّ البحيرة التي كنّا نسبح فيها تُستخدم لتفقيس بيض السمك.

أعتقد أنّ الرجلين كانا على وشك طلب الشرطة لأنّنا سبحنا في مكان محظور، ولذلك لم نرغب في التلكّؤ حتّى نكتشف حقيقة نواياهما. لذلك صعدنا إلى العربة بسرعة، وضغط أبي على دوّاسة الوقود.

في المرّة القادمة التي تحضّر فيها أمّي السلمون على العشاء، سوف أتحقّق حتماً من الملصق لأعرف مصدرها أوّلاً.

الغريب في الأمر أنّ بحيرة السمك لم تكن المكان الأخير الذي طُردنا منه اليوم. فعندما ركنّا العربة في أحد المروج لكي نتمكّن من النزول منها والاستمتاع بالمنظر ونحن نتناول الطعام في الهواء الطلق، اكتشفنا أنّنا جالسون في مزرعة أحد الأشخاص.

أخيراً، وجدنا حقلاً لا يبدو أنّ ملكيته تعود إلى أحد، فتوقّفنا فيه لتمضية الليل.

لم يكن النوم في العربة مريحاً حقّاً. تمّ تحويل طاولة الطعام إلى سرير، وهناك نام أبي وأمّي.

في الحقيقة، لم تعجبني إطلاقاً فكرة تناول طعام الفطور في المكان نفسه الذي نام فيه أبي وأمّي.

أمّا أنا، فاضطررت مُرغماً لمشاركة السرير العلوي مع رودريك، الأمر الذي لم يختلف كثيراً عن ظروف نومنا الصعبة في قبو جدّتي.

الوحيد بيننا الذي استمتع بفراش فسيح كان ماني. فقد حوّل إحدى خزائن المطبخ إلى شقّة صغيرة، وكانت النتيجة لطيفة حقّاً.

بينما كان أبي وأمّي يستعدّان للنوم، وجدت ناحية سلبية كبيرة في العربة. فقد كانت جدران الحمّام رقيقة للغاية. والآن وقد انطفأ محرّك العربة، أصبحتُ قادراً على سماع كلّ ما يجري هناك.

الخميس

تبيّن أنّ المكان الذي توقّفنا فيه لتمضية الليلة كان عبارة عن حديقة عامّة. هكذا، انطلقَت منذ الصباح الباكر بطولة رياضيّة صغيرة، وكنّا قد ركنّا العربة خلف الرامي تماماً.

لحسن الحظّ، تمكنّا من الابتعاد بالعربة قبل أن يحطّم أحد الأولاد المصباح الأمامي بطابة البيسبول.

قالت أمّي إنّها لا تريد تكرار تجربة الأمس، وطلبت منّا جميعاً التفكير في مكان نذهب إليه، شرطَ أن تكون المتعة مضمونة. عندئذٍ، تذكّرتُ لوحة إعلاناتٍ رأيتها في اليوم السابق.

كان الإعلان يصوّر مكاناً ساحراً يدعى "المنتجع العائلي للمغامرات". عادة، عندما تدخل كلمة عائلة في شيء ما، أعتبرها تحذيراً وأتجنّب الاقتراب. لكنّ حين رأيت الصّور المعروضة على اللوحة، ظننتُ أنّ هذا المكان قد يكون مختلفاً.

كان علينا أن نعود بالعربة أدراجنا لمسافة ساعتين قبل أن نعثر على ذلك المنتجع، لكن لا أهمّية لذلك حقّاً لأنّنا لم نكن متوجّهين إلى مكان معيّن أساساً.

لا بدّ لي من القول إنّ المنتجع كان جميلاً حقّاً. فهو يتضمّن ملايين الأنشطة، وقد رغبت في تجربتها جميعاً.

لكن كان كلّ نشاط يتطلّب سنّاً وطولاً معيّناً، ولم يكن طول ماني يناسب أيّ نشاط ممتع.

النشاط الوحيد الذي ناسب ماني كان عوّامة المرح، وفيه يسبح المشاركون في النهر بواسطة عوّمات تقيهم من الغرق.

توسّلت لأمّي لكي تسمح لي ولرودريك بفعل شيء أكثر إثارة للاهتمام، كتسلّق الصخور مثلاً، ولكنّها كانت قد عزمت أمرها على أن نقوم جميعنا بنشاط واحد كأسرة.

قالت أمّي إنّ عوّامة المرح ستكون باعثة على الاسترخاء. وهكذا بعدما استأجرنا العوّامات، حملنا البرّاد وبضعة أشياء أخرى من العربة لأخذها معنا في النهر.

بعد تجربتنا المؤسفة في مزرعة الأسماك يوم أمس، لم أشعر بحماسة كبيرة لدخول المياه مجدّداً. لكنّني رأيت مجموعة من الأشخاص الآخرين الذين يعومون في النهر هم أيضاً، فتصوّرت أنّه إذا كان في النهر أسماك بيرانا، فإنّها ستلتهمهم حتماً قبل أن تصل إليّ.

لا بدّ لي من الاعتراف أنّه فور جلوسنا في العوّامات، بدأنا بالاسترخاء نوعاً ما. وربّما استرخينا زيادة عن اللزوم. فقد استغرق رودريك في نوم عميق، بينما راح أبي يجيب على رسائل العمل، وأخذت أمّي موعداً لي لدى طبيب الأطفال.

هكذا، لم يكن أحد منّا منتبهاً حقّاً لما يجري حولنا عندما وصلنا إلى جزء صخري من النهر، الأمر الذي شلّ حركتنا تماماً. فاضطررنا مُرغمين إلى إخراج العوّامات من الماء، ولم يكن من الممتع إطلاقاً السير على مساحة من الصخور الحادّة بأقدامنا الحافية.

عندما أصبح النهر أكثر عمقاً من جديد، أعدنا العوّامات إلى الماء. لكن مع الأسف، يبدو أنّ عوّامتي تعرّضت لثقب في الجزء الضحل من النهر، لأنّها بدأت تخسر الهواء. فأخذتُ عوّامة ماني، وأفرغنا الثلج من البرّاد لكي يتمكّن هو من استعماله.

ظننت أنّ الرحلة ستستغرق عشرين دقيقة، ولكن مضت ساعتان بالتمام من دون أن نرى في الأفق نهاية لهذه الرحلة. ثمّ أصبح تقدّمنا بطيئاً حقّاً عندما علقنا خلف مجموعة كبيرة من الأشخاص الذين يسدّون مجرى النهر.

وصلتُ إلى بقعة دافئة في المياه، ونظراً لخبرتي الكافية مع الأطفال، فقد عرفت تماماً ما يعنيه ذلك. لذلك، ما إن وجدت متّسعاً كافياً في النهر، حتّى بدأت أدفع عوّامتي لتجاوز أولئك الشباب والابتعاد عنهم قدر الإمكان.

مع الأسف، ابتعدتُ عن عائلتي أكثر ممّا ظننتُ، وانتهى بي الأمر في جزء وعر فعلاً من النهر. ولم تكد تمضِ بضع ثوانٍ حتّى قذفني التيّار من عوّامتي، وألقى بي إلى الأمام.

كان ذلك مخيفاً حقّاً. فقد كانت المياه تتدفّق بقوّة، ولم أكن أرتدي سترة نجاة. فوجّهت قدمَيّ باتّجاه مجرى النهر لكي لا يرتطم رأسي بإحدى تلك الصخور الحادّة.

رحتُ أنادي طالباً النجدة، ولكنّ الأشخاص الذين يسبحون خلفي شغّلوا الموسيقى بصوت عالٍ ولم يلاحظوا حتّى ما حلّ بي.

رآني أفراد أسرتي وحاولوا مساعدتي بطرق شتّى،
ولكن ليتهم لم يفعلوا.

على مسافة أمامي، لمحتُ أشخاصاً يُخرجون عوّاماتهم من النهر بعد بلوغهم نقطة الوصول، فحاولتُ أن أدفع نفسي إلى هناك، عَلّني أنجو.

لكنّ التيّار كان يتدفّق سريعاً جدّاً، وراح يجرفني معه بعنف. أخيراً، خرجت أسرتي من النهر ورأيتُ أبي يصيح بصوت عالٍ ويشير إلى شيء ما بقربي. عندئذٍ، لاحظت وجود غصن كبير معلّق فوق الماء، فتمسّكت به بكلّ ما أوتيت من قوّة.

للحظة، ظننت أنّ كلّ شيء أصبح على ما يرام. ثمّ لفت نظري شيء ينجرف بعيداً عنّي، وأدركت أنّه سروال السباحة الذي كنت أرتديه.

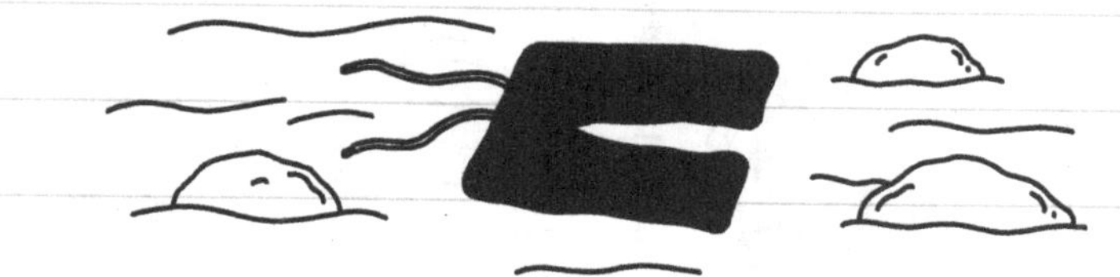

بدأ شابّ من مركز المغامرات بالتوجّه نحوي حاملاً بيده سترة نجاة. فعرفت أنّني إذا واصلت التمسّك جيّداً بذلك الغصن، فإنّه سيتمكّن حتماً من إنقاذي.

لكن جُلّ ما فكّرت فيه في تلك اللحظة هم الناس الموجودون عند نقطة الوصول، والذين كانوا على وشك رؤيتي من دون سروال سباحة. وكان رودريك جاهزاً هناك لتصوير المشهد بأكمله بهاتفه من دون حذف.

هكذا ارتأيتُ أنّ الحلّ الوحيد هو أن أُفلتَ الغصن وأجرّب حظّي.

لحسن الحظّ، لم يكن النهر صخرياً جدّاً في هذه المنطقة، ولكنّه ظلّ يتدفّق بسرعة. وعندما تمكّنت أخيراً من سحب نفسي إلى الضفّة سالماً معافى، كنت قد أصبحتُ على مسافة ربع ميل تقريباً من نقطة الوصول. صحيح أنّني لم أتمكّن من العثور على سروال السباحة، ولكن حمداً لله وجدت البرّاد.

الجمعة

في الليلة الفائتة، وافق كلّ أفراد أسرتي على أنّ انطلاقة رحلتنا كانت رهيبة، ولكنّنا لم نستطع أن نقرّر ماذا نفعل الآن.

برأيي، كانت هذه الرحلة غلطة فادحة، وعلينا أن نعترفَ بذلك ونعودَ إلى منزل جدّتي. لكنّ أبي لم يوافقني الرأي، بل قال إنّنا لا نستطيع العودة الآن لأنّنا لم نخيّم حقّاً بعد.

أضاف أنّه ثمّة غابة وطنية على بعد بضع ساعات من هنا. وإذا خيّمنا هناك، يمكننا أن نبقى في مكان واحد لبقيّة الرحلة، وننعمَ بشيء من الاسترخاء من باب التغيير.

لم أكن متحمّساً حقّاً لذهابنا إلى هناك بمفردنا، لكنّني بالمقابل عرفت تماماً كيف سنقضي بقيّة فصل الصيف إذا عدنا أدراجنا إلى قبو جدّتي الآن.

كان التوتّر بادياً عليّ، وقد لاحظ أبي ذلك، لكنّه أكّد لي أنّه ثمّة حرّاس يمكنهم المساعدة في حال واجهنا أيّ مشاكل. وهذا ما بعث في نفسي شيئاً من الطمأنينة.

أمضينا بقيّة الليل في موقف السيارات التابع لمركز المغامرات العائلية. وأخيراً، عندما حلّ الصباح توجّهنا فوراً إلى الغابة الوطنية.

عندما وصلنا إلى هناك، أخبرَنا الحارس عند مدخل الغابة أنّ السماء لم تمطر منذ أسابيع، ولذلك فإنّ خطر الحريق كان مرتفعاً. ثمّ زوّد أبي بخارطة مفصّلة للغابة، وكتيّب حول كيفيّة التخييم بطريقة مسؤولة.

كانت الغابة الوطنيّة كبيرة حقّاً، ولذلك استغرقنا بعض الوقت للوصول إلى الموقع الذي سنخيّم فيه. وفي طريقنا، لم نر أيّ كائن بشريّ.

وجدنا المكان المخصّص لنا لطيفاً حقّاً. فقد كان يضمّ متّسعاً مناسباً للعربة، كما كان موقعنا مجاوراً لجدول صغير. هكذا، وبعد أن علّقنا الأرجوحة وأخرجنا الكراسي، استرخينا واستمتعنا بوجودنا في أحضان الطبيعة.

معظمنا على الأقلّ. إذ لم تكد تمضي بضع دقائق، حتّى سألتنا أمّي عن «خطّتنا»، فأجابها أبي أنّ هذه هي الخطّة.

قالت أمّي إنّنا لا نستطيع الجلوس هكذا طوال اليوم، وإنّه علينا فعل شيء ناشط مثل الخروج إلى الطبيعة للمشي، وما إلى ذلك.

لكنّ هذا المجهود بدا لنا كبيراً نحن الشباب، لا سيّما بعد رحلة طويلة بالعربة. فما كان من أمّي إلّا أن أعلنت أنّه إذا كنّا سنتكاسل جميعنا، فإنّها لن تتردّد في وضع أجهزتنا الإلكترونية في الخزنة لبقيّة الرحلة. وكان هذا التهديد كافياً لدفعنا إلى النهوض.

أخرجت أمّي الخارطة، ووجدَت درباً مجاوراً للنزهات. لكن قبل أن نبدأ المسير، طلبت منّا جميعاً أن نغلق عبوات المياه جيّداً وأن نرشّ رذاذ الحشرات على أجسادنا. غير أنّني كنت قلقاً حيال الدببة أكثر بكثير من الحشرات.

تذكّرت في تلك اللحظة ما قاله لنا البائع في متجر لوازم التخييم. فقد أخبرنا أنّ أفضل ما يمكننا فعله في حال رأينا دبّاً في الطبيعة هو إصدار ضجّة لإبعاده.

لحسن الحظّ، كان العمّ غاري قد ترك بعض القدور والمقالي تحت المغسلة في العربة. ولكن لم أكن أنوي الانتظار إلى أن نرى دبّاً لأبدأ بإصدار الضجيج.

سرعان ما انزعج الجميع من هذا الصخب، فطلبت منّي أمّي إعادة الأواني إلى العربة على الفور.

قالت إنّني أستطيع أن ألحق بهم على مسافة أبعد عند عودتي، ولم أمانع بذلك في الواقع لأنّني بدأت أشعر بثقل تلك الأواني على أيّ حال. بالإضافة إلى ذلك، بدأتُ أتساءل ما إذا كان الضجيج سيجذب الدببة عوضاً عن إبعادها، لأنّني عندما أسمع أصوات القدور والمقالي، أفكّر فوراً في العشاء.

أخيراً، عندما أعدتُ الأواني إلى العربة، استدرتُ وسلكت درب النزهات من جديد. ظننت أنّني إذا حثثت خطاي، سيستغرق منّي الأمر عشر دقائق لأعود وألتقي ببقيّة أفراد أسرتي. ولكن في تلك اللحظة، واجهت مشكلة لم تكن في الحسبان.

فقد وصلت إلى نقطة تفرّع فيها الدربُ إلى اتّجاهين، ولم أعرف أيّ اتّجاه سلكَت أسرتي.

تخيّلت أنّ الاحتمالات متساوية، ولذلك قرّرت أن أسلك اتّجاه اليسار. لكنّني مشيت مسافة طويلة من دون أن أعثر على أحد منهم، وبدا لي أنّني سلكت بلا شكّ الاتّجاه الخاطئ. فما كان مني إلّا أن عدت أدراجي إلى المكان الذي تفرّعت عنده الطريق، وهناك واجهتني عقبة أخرى.

كنتُ الآن مربكاً للغاية، ونتيجة لذلك لم أستطع أن أفرّق بين الاتّجاه الذي لم أسلكه بعد، وذاك الذي يؤدّي إلى العربة. صعب عليّ التمييز بينهما أيضاً لأنّه، بنظري، بدت جميع الأشجار والصخور متشابهة.

عندئذٍ بدأ القلق ينتابني حقّاً. تذكّرت أنّ البائع في متجر لوازم التخييم قال لنا إنّ الدببة قد تسلك أحياناً دروب النزهات التي يستخدمها الناس لأنّه من الأسهل لها التنقّل بتلك الطريقة. لذلك لم أشعر بالارتياح لوقوفي وسط تقاطع.

قرأت ذات مرّة أنّ حاسّة الشمّ لدى الدببة تكون أقوى بألف مرّة منها لدى الإنسان. لذلك عندما أخرجت مرطّب الشفاه الذي أحمله في جيبي، سرت الرعشة في أوصالي.

قرّرت أن أبتعد عن درب النزهات، الأمر الذي تبيّن أنّه تصرف أحمق، لأنّني ما إن خطَوت خارج الدرب، حتّى عجزت تماماً عن إيجاد طريق العودة.

بدأت أفكاري تتسارع، ورُحت أتخيّل ماذا يمكن أن يكون مصيري إذا ضللت طريقي تماماً.

كنت قد قرأت قصصاً عجيبة عن أناس تاهوا وانقطعوا تماماً عن الحضارة، ونشأوا بين الذئاب. لا أعرف إن كان ثمة ذئاب في هذه المنطقة، ولكنّني صادفتُ كثيراً من السناجب.

لحسن الحظّ، عاد أفراد أسرتي للبحث عنّي، وعثروا عليّ قبل أن تسوء الأمور حقّاً. لو تأخّروا ساعة أو ساعتين، لما عرفوني على الأرجح.

عندما عدنا إلى المخيّم، طلبت أمّي من رودريك أن يتحقّق منّا إذا كنت قد التقطتُ أيّ قرادات من الغابة عندما خرجت عن الدرب، فقال لي إنّه عثر على واحدة كبيرة وسط ظهري تماماً.

بحسب ما قاله رودريك، لا بدّ أن تكون القرادة موجودة على جسدي منذ مدّة، لأنّها بدت على وشك الانفجار. وكاد أن يغمى عليّ من شدّة الخوف عندما أراني الصورة التي التقطها بهاتفه.

تبيّن أنّ الأمر كان مجرّد مزحة ثقيلة، وأنّ رودريك وجد الصورة على الإنترنت. ولكن حتّى عندما عرفت أنّها مجرّد مزحة، ظللت أشعر بشيء يدبّ على ظهري طوال ذلك اليوم.

قالت أمّي إنّه علينا جميعاً أن نستحمّ، فقد مضى على خروجنا يومان، ورائحتنا أصبحت نتنة. دخل رودريك الحمّام أوّلاً، ومكث هناك لنصف ساعة على الأقلّ. لذا، عندما حان دوري، لم يتبقَّ أيّ ماء ساخن.

تحقّق أبي من خزّان الوقود ووجده فارغاً. هذا يعني أنّنا سنستحمّ بالماء البارد من الآن فصاعداً. بطبيعة الحال، لم يفرح أحد بهذا الخبر، ولا سيّما أمّي.

لاحظتُ وأنا استحمّ أنّ رائحة الحمّام بدأت تصبح كريهة، فأخبرت أبي بذلك. قال لي إنّنا لم نفرغ خزّان مياه الصرف منذ أن خرجنا إلى الطريق، ولا شكّ أنّ هذا هو السبب.

بكلّ صراحة، لم أشأ أن أفكّر حتّى في ما يحدث لمياه الصرف التي تذهب داخل العربة.

في البيت، عندما نطلق مياه المرحاض، تختفي كلّ القذارة في مكان بعيد. أمّا في العربة، فنحن نحمل ذلك القرف معنا أينما ذهبنا.

ولو عرفت ذلك مسبقاً، أنا واثق أنّني ما كنت لأوافق على الخروج في هذه الرحلة.

سْلوش

والآن بدأت أخشى ممّا يمكن أن يحدث إذا فاض خزّان مياه الصرف فجأة. لذلك، كلّما بدا على أحدهم أنّه بحاجة إلى دخول الحمّام اليوم، حاولت إقناعه بتدبّر أمره في مكان آخر.

أعتقد أنّني يجب أن أشعر بالامتنان لأنّني أعيش في زمن توجد فيه حمّامات. أخبرني رودريك أنّ الرجل الذي اخترع المرحاض كان يدعى توماس كرابر. ولا أدري ما إذا كان الخبر صحيحاً أم أنّها واحدة من نكاته، لأنّ كرابر تعني بالإنكليزية مرحاض.

إذا كان الأمر صحيحاً، أتمنّى أن يكون هذا الرجل قد جمع كمّاً هائلاً من المال تعويضاً عن ذلك، لأنّني ما كنت لأرغب في أن يُطلق أحد اسمي على اختراع كهذا.

أشعل أبي ناراً وأعدّ لنا بعضاً من يخنة اللحم. ونوى أن يشوي معها حبّات الفاصولياء، ولكنّ رودريك ترك العبوة على مسافة قريبة جدّاً من اللهب، فقُضي عليها.

بعدما انتهينا من تناول العشاء، جمعنا القمامة في كيس، ورفعناه على غصن شجرة بواسطة حبل، تماماً كما أوصانا البائع في متجر لوازم التخييم. فخطر ببالي أنّه إذا تحلّى أيّ دبّ بالذكاء الكافي للوصول إلى تلك القمامة، فإنّه يستحقّها بلا شكّ.

عندما خيّم الليل، قالت أمّي إنّه من الأفضل لنا الدخول لتمضية الليلة في العربة. غير أنّ أبي اعترض قائلاً إنّ أفضل ما في المخيّم هو السهر حول النار تحت ضوء النجوم.

فتحمّست أمّي للغاية، وحاولت إقناعنا بمشاركتها أغنية قالت إنّها تعلّمتها في مخيّم صيفي عندما كانت صغيرة. ولكنّنا لم نكن من هواة المشاركة في الغناء، لذلك جلسنا بانتظار أن تنهي أمّي وصلَتَها.

بعد ذلك أحضر أبي حلوى الخطمى، وعثرنا على بعض الأعواد الطويلة.

بينما كنّا نشوي الخطمي على النار، بدأ أبي فجأة يتكلّم بجدّية. قال لنا إنّه منذ زمن طويل ذهب ليخيّم مع والده في بقعة نائية. وهناك، التقيا بحارس طاعنٍ في السنّ، روى لهما قصّة عجيبة.

أخبرهما الحارس أنّه كان يملك في ما مضى كلبة صيد مخلصة تدعى ماتيلدا، كانت تتبعه أينما ذهب. ولكن في إحدى الليالي التي غاب فيها القمر، أشعل الحارس النار ليتدفّأ كعادته. فجأة، رأى مخلوقاً عجيباً ذا عينين برّاقتين يتجوّل عند أطراف المخيّم.

انطلقت ماتيلدا تجري خلف المخلوق العجيب، ولحق بها الحارس إلى أعماق الغابة. غير أنّه لم يجد من أثر لها سوى طوقها المحطّم على الأرض.

كلّ ليلة، كان الحارس ينام في حجرته بمفرده، على أمل أن تجد ماتيلدا طريق العودة إليه بشكل ما. وفي إحدى الليالي، تماماً كهذه الليلة، عندما كان القمر هلالاً، تناهى إلى مسمعَيه عواء كلب صيد من أعماق الغابة.

لم تعجب تلك القصّة أمّي على الإطلاق، لأنّ ماني بدأ يشعر بالرعب. وبصراحة، أخذ الخوف يتسلّل إلى نفسي أنا الآخر.

لكن في تلك اللحظة، تناهى إلى مسمعَيّ صوت غريب من أعماق الغابة، جعل قلبي يتجمّد.

ظننتُ لجزء من الثانية أنّه شبح ماتيلدا. ولكن سرعان ما أدركت أنّ رودريك هو مصدر ذلك الصوت المريع، وأنّ القصّة بأكملها كانت مجرّد مقلب كبير دبّره لنا أبي ورودريك من باب التسلية.

غير أنّ السحر انقلب على الساحر نوعاً ما. فعندما عوى رودريك، قفز ماني خوفاً، فطارت حبّة خطمى ملتهبة والتصقت بركبة أبي.

تجمّدنا من هول المفاجأة ولم نعرف ماذا نفعل. لكن لحسن الحظّ، تذكّر رودريك أين وضعنا طفّاية الحريق، وهرع فوراً إلى العربة.

بدأت أمّي بإلقاء محاضرة على أبي عن عدم وجوب إخافة الناس أبداً. لكن فجأة، قاطعت حديثها أصوات غريبة آتية من عمق الغابة. في البداية، ظننّا أنّه قد يكون مقلباً آخر، لكنّ النظرة التي بدت في عينَيّ أبي ورودريك أكّدت لي العكس.

أيّاً يكن مصدر الصوت، فقد بدا كبير الحجم، وكان متّجهاً نحونا مباشرة. فما كان منّا إلاّ أن اندفعنا إلى داخل العربة، وأقفلنا الباب خلفنا.

بالفعل، كان المخلوق الغامض دبّاً ضخماً. لكنّه لم يأتِ سعياً خلف نفاياتنا، بل خلف حبّات الفاصولياء المشويّة.

عندما فرغ الدبّ من لعق بقايا الفاصولياء عن باب العربة، راح يطالب بالمزيد، وبدأ يشتمّ نوافذنا. وأكذب لو قلت إنّنا استطعنا أن نبقى هادئين خلال تلك اللحظات العصيبة.

جلس أبي خلف المقود لإخراجنا من ذاك المأزق، لكنّه اكتشف أنّ المفاتيح لا تزال على طاولة الطعام في الخارج. وعندما بدأ الدبّ بدفع العربة بعنف، شعرت أنّ نهايتنا اقتربت حتماً.

أظنّ أنّ هذا ما شعر به ماني أيضاً، لأنّ ذلك الولد وجد طريقة للتسلّل من نافذة المقعد المجاور للسائق، وتسلّقَ سطح العربة. ليس هذا فحسب، بل أخذ معه البندقيّة المضيئة.

السبت

أخافت الأضواء الدبّ، فهرب على الفور. لذا، عندما وصلت الحارسة إلى مخيّمنا في الليلة الفائتة، لم نكن بحاجة حقّاً إلى الإنقاذ. في ذلك الوقت، كانت مشكلتنا الكبرى هي الحِرق الذي سبّبته حلوى الخطمى في ركبة أبي.

قالت الحارسة إنّ إطلاق ذلك الوهج في الهواء يعتبر تهوّراً بالغاً من جانبنا لأنّه كان يمكن أن يتسبّب باشتعال حريق في الغابة. ثمّ طلبت منّا مغادرة الحديقة فوراً مع حلول الصباح.

في الواقع، ناسبني هذا الطلب تماماً. فقد استطعنا البقاء لليلة واحدة في البراري، لكنّني لا أعتقد أنّنا سنتمكّن من الصمود لليلة أخرى.

في تلك المرحلة، كنت أتوق حقّاً للعودة إلى قبو جدّتي. فهناك على الأقلّ، ثمّة كمّية وافرة من الماء الساخن ولا وجود للدببة.

إلاّ أنّ أمّي لم تكن جاهزة للعودة إلى البيت بعد. قالت لنا إنّ سبب تجربتنا السيّئة مع المخيّم أنّنا كنّا معزولين جدّاً، ولكن إذا ذهبنا إلى مخيّم يضمّ أشخاصاً آخرين، فإنّنا سنستمتع أكثر بلا أدنى شكّ.

قالت أمّي إنّها سمعت عن حدائق مخصّصة لمحبّي السفر بالعربات تتضمّن أنشطة متنوّعة للأسر. فيجدون كلّ ما يحتاجون إليه في مكان واحد.

ثمّ بدأت تبحث عن حدائق كهذه على هاتفها، ووجدت أخيراً واحدة بدت لها خياراً محتملاً.

أوّل ما لفت انتباهي كانت كلمة رفاهية. فبعد أن خضت تجربة المخيّم الحقيقي، أصبحتُ جاهزاً لشيء أكثر رقيّاً بعض الشيء.

كنت أعرف من المدرسة أنّ «عدن» هو مرادف آخر لكلمة الجنّة.

وأعلم قصة نزول آدم وحواء من الجنة لأنهما عصيا أمر ربهما.

بالنسبة إليّ، يستحيل أن أعصي أمراً لأمي، مقابل شيء بسيط، بل يجب أن يكون الإغراء أقوى بكثير مثل كعكة توينكي.

استغرقنا معظم النهار للوصول إلى مخيّم عدن. ولكن عندما عبرنا من فوق الجسر أخيراً وألقينا نظرة على ذلك المكان عن كثب، فهمت تماماً لماذا أطلق عليه هذا الاسم.

ركنّا العربة ودخلنا مكتب الاستقبال. وجدنا هناك موظّفة راحت تخبرنا بالتفصيل عن كلّ الأمور الرائعة التي يضمّها المخيّم، مثل قاعة الألعاب، وحوض السباحة، وميدان الخيل، هذا بالإضافة إلى بحيرة خلّابة يمكن فيها ركوب الزوارق وقوارب الكاياك.

كان ثمّة حمّام أيضاً يمكن الاستحمام فيه بالماء الساخن، وهذا أكثر ما أعجب أمّي.

أمّا أكثر ما أعجبني أنا فهو أنّ لكلّ موقع تخييم نقطة خاصّة لوصل مياه الصرف. فداخل العربة أصبح أشبه بقفص للقردة بسبب الرائحة الكريهة، وكنت أتوق حقّاً للتخلّص من المياه القذرة المتراكمة في الخزّان.

قالت أمّي للموظّفة إنّنا نرغب بالتخييم في موقع مطلّ على البحيرة. لكنّ المرأة أجابت أنّ الناس حجزوا هذه المواقع قبل مدّة طويلة، وأنّ الأماكن الوحيدة المتوفّرة كانت في المنطقة الاقتصادية.

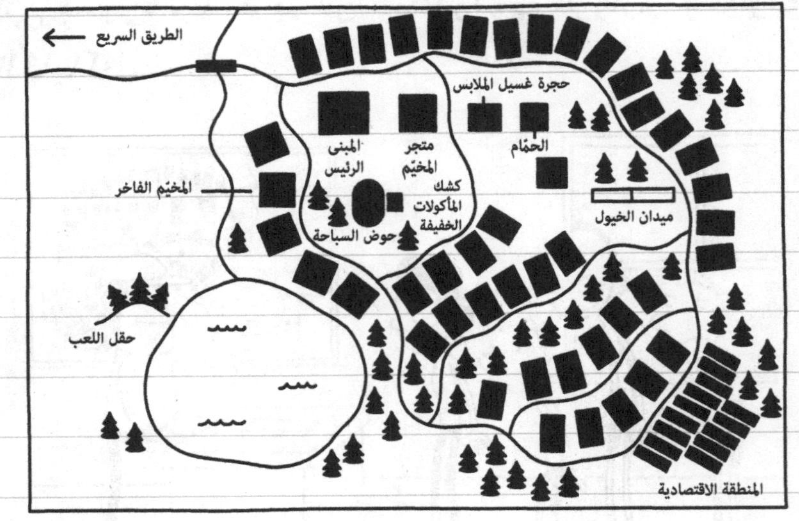

أظنّ أنّ تركيز أمّي كان منصبّاً فقط على الحمّام الساخن، لأنّها أجابت أنّنا سنأخذ أيّ شيء متاح. وبعد أن دفعنا تكاليف الأسبوع، هبطنا التلّ بالعربة إلى أن وجدنا الموقع المخصّص لنا.

كلّما انخفضنا أكثر عبر سفح التلّ، أصبحت مواقع التخييم أصغر. أخيراً عثرنا على البقعة المخصّصة لنا، لكنّ أبي وجد صعوبة في ركن العربة على المساحة الإسمنتية.

ركنّا العربة بعد جهد جهيد، وراحت أمّي تخرج الكراسي، بينما حاول أبي أن يكتشف كيفيّة تفريغ خزّان مياه الصرف. في الحقيقة، أردتُ الابتعاد قدر الإمكان عندما شرع في تلك العمليّة، لذلك أخبرت والديّ أنّني ذاهب لاستكشاف المخيّم.

رغبت في إلقاء نظرة على قاعة الألعاب، ولذلك توجّهت إلى هناك أوّلاً. لم أجد فيها سوى بضع آلات أركاد، ولكن لا شيء هناك أثار اهتمامي وشدّني للعب.

اجتمع بعض الأولاد حول طاولة بلياردو، ولكن كما بدا لي، لم يكن معهم أيّ كرات.

بعد ذلك، ذهبت لإلقاء نظرة على حوض السباحة، لكن هناك أيضاً خاب أملي. فقد كان يغصّ بالأولاد الصغار الذين يسرحون ويمرحون على هواهم، من دون أن ينتبه إليهم أحد.

هذه الأيّام، يرتدي الأولاد سترات خاصّة تساعدهم على العوم، ولذلك لا يحتاجون حتّى إلى تعلّم كيفيّة السباحة. هذا لا يشبه ما كان عليه الحال في طفولتي. وقتها، لم يكن التعلّم خياراً بل ضرورة.

انجرف بعض الأولاد الصغار إلى الجزء العميق من المسبح، الأمر الذي سبّب مشكلة، لأنّ أشخاصاً آخرين كانوا يقفزون من منصّة عالية.

لم يكن ثمّة منقذين في الجوار، ولذلك كان الجميع يفعلون ما يحلو لهم.

لم أشعر بالأمان للسباحة في الحوض، ولذلك قرّرت الاسترخاء في حوض الماء الساخن عوضاً عن ذلك. لكنّني اكتشفت عندئذٍ أنّ هذا المنتجع لم يكن يمزح بشأن كونه صديقاً "للحيوانات الأليفة".

كان ثمّة كشك للمأكولات الخفيفة بجوار حوض السباحة، وكانت غرفة غسيل الملابس والحمّام على مقربة منه.

فكّرتُ في تمضية مزيد من الوقت في التجوّل في أنحاء المخيّم قبل أن أعود إلى عربتنا، تحسّباً في حال كان أبي لا يزال مشغولاً بتفريغ الخزّان. فقرّرت أن أتفقّد بعض مواقع التخييم الأخرى، من باب الفضول.

كان أجملها المخيّمات الفخمة الواقعة عند أعلى التلّ. وكان نزلاؤها أناساً محظوظين حقّاً، يملكون صحوناً لاقطة، وعدّة شواء فاخرة، هذا فضلاً عن عشب حقيقي يعتنون به.

لكن كان واضحاً أنّ سكّان المخيّم الفاخر لا يرغبون في وجودنا نحن شباب المخيّم الاقتصادي حول أراضيهم، ولذلك لم أمكث هناك طويلاً.

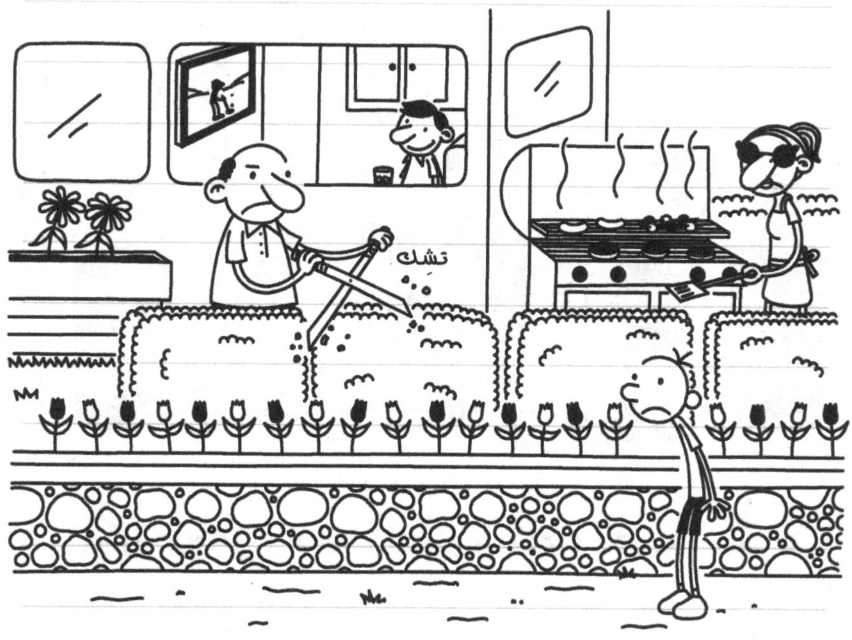

لم تكن المخيّمات الواقعة على سفح التلّ بجمال تلك التي في الأعلى، ولكن كان كلّ صفّ منها أشبه بحيّ صغير مستقلّ.

رأيت صفّاً يضمّ مجموعة من كبار السنّ، فاستنتجتُ أنّ تلك المنطقة مخصّصة للمتقاعدين. وعلى بعد مسافة غير بعيدة من هناك، انتشرت عائلات مع عدد من الأولاد الصغار.

كانت بعض الصفوف مزيّنة بحسب موضوع أساسي، وبدا الناس مسرورين للغاية بالتصاميم.

لم يكن بعض الأشخاص يملكون عربات كبيرة الحجم، لذلك شعرت بالامتنان للعمّ غاري لأنّه لم يترك لنا واحدة من تلك العربات الصغيرة.

وجدت أشخاصاً آخرين لا يملكون عربات من الأساس. وبدا أحد المخيّمات كأنّه يضمّ عصبة من سائقي الدرّاجات النارية المتهوّرين الذين يتجادلون بصخب. فشعرت بالسرور لأنّنا لسنا بجوار أولئك الشباب.

مع ذلك، كنّا لنجد الوضع أكثر سوءاً لو أنّنا في الصفّ الصديق للحيوانات الأليفة، لأنّ تلك المنطقة كانت عبارة عن حديقة حيوانات بكلّ معنى الكلمة.

عرفتُ أنّني عدت إلى المخيّمات الاقتصادية لأنّ مواقع التخييم كانت هناك أكثر ازدحاماً بكثير، وكان على النزلاء أن يحاولوا تدبّر أمورهم قدر الإمكان في المساحة المخصّصة لهم.

عندما عدتُ إلى مخيّمنا، وجدتُ أبي يشوي لنا الهوت دوغ للغداء. أردتُ أن أسأله ما إذا كان قد غسل يديه جيّداً بعد أن انتهى من وصل أنبوب الصرف، لكنّني خشيت أن أثير غضبه.

كانت أمّي تحاول التعرّف إلى بعض الجيران، لكنّهم بدَوا من أولئك الناس الذين يفضّلون عدم الاختلاط.

عندما انتهى أبي أخيراً من شواء الهوت دوغ، جلسنا إلى طاولة الطعام لكي نتناول غداءنا. إلّا أنّ أولاداً بجوارنا كانوا يلعبون الطابة على سطح عربتهم، ويبدو أنّ أحدهم أخطأ الهدف.

بينما كنّا ننظّف الفوضى التي نجمت عن ذلك، قلت لأمّي وأبي إنّ مجيئنا إلى هنا كان غلطة. لكنّ أمّي اعترضت قائلة إنّه من الصعب أحياناً الاعتياد على مكان جديد، وأنّه ما عليّ سوى أن أمنح هذا المكان فرصة.

ثمّ ذكّرتني أنّني لم أقم حتّى بزيارة البحيرة بعد، ولا بدّ أنّ هذا أفضل ما في هذه الرحلة. كنت على وشك أن أجيب بشيء آخر، لكن في تلك اللحظة تماماً، قاطعني صوت آتٍ من ناحية المبنى الرئيس.

بدا الصوت أقرب إلى إنذار بغارة جوّية، كذاك الذي نسمعه في أفلام الحروب عندما يقترب طيران العدوّ. فتوتّرت أعصابي تماماً.

بدا جيراننا خائفين أيضاً. فما إن سمعوا الصوت، حتّى جمعوا أشياءهم وأدخلوها العربة.

عندما سأل أبي جارَنا عن سبب الصافرة، قال إنّها إنذار بوجود ظربان في أرجاء المخيّم، وعلى الجميع في هذه الحالة أن يُسرعوا للاحتماء داخل عرباتهم.

كان ذلك كافياً لكي نتحرّك. فدخلنا العربة مسرعين، وأغلقنا بابنا، ثمّ جلسنا ننتظر أمام النوافذ. وبالفعل، لم تكد تمضي بضع دقائق، حتّى أتى ظربان، وأخذ يشتمّ الهواء حول مخيّمنا.

بعد ذلك، تسلّق طاولة الطعام التي قمنا عنها للتوّ، وعندما بدأ بتناول الهوت دوغ، لم نجد بيدنا حيلة سوى مشاهدته وهو يقضي على غدائنا.

عندما انتهى الظربان من تناول الطعام، غادر المكان. وبعد قليل، توقّفت الصافرة، وخرج الجميع من جديد إلى الهواء الطلق. لكن حتّى بعد رحيل الحيوان، ظلت رائحة المخيّم مريعة.

قال أبي إنّ سبب تلك الرائحة الكريهة يرجع إلى أنّ غدد ذلك الحيوان تطلق نوعاً من الكيميائيّات التي يشتمّها الناس ولو على بعد مسافة كبيرة. وقال لنا إنّ التعرّض المباشر لرذاذ الظربان قد يكون أسوأ بألف مرّة.

وشرح لنا أنّ أفضل ما يمكننا فعله عند مصادفة ظربان هو التراجع ببطء إلى الخلف، لأنّ هذا الحيوان لا يستخدم سلاحه بشكل عشوائي، بل فقط إذا شعر أنّه محاصر أو مهدّد.

وأضاف أنّه بإمكاننا أن نعرف أنّ الظربان على وشك أن يطلق رذاذه عندما يقف على قائمتيه الأماميّتين ويهزّ الجزء السفلي من جسده. لكن عندئذٍ، يكون الأوان قد فات على الأغلب.

قال رودريك إنّ رذاذ الظربان ليس كريه الرائحة فحسب، بل هو قابل للاشتعال أيضاً. لا أدري ما إذا كان ذلك صحيحاً أم أنّها إحدى أكاذيبه المعتادة. ولكن إن كان ما يقوله صحيحاً بالفعل، فما إن يتعلّم الظربان كيفيّة إشعال عود كبريت، حتّى نصبح نحن البشر في ورطة كبيرة.

عندما خلق الله الحيوانات، منحها جميعاً أسلحة مفيدة تدافع بها عن نفسها ضد الحيوانات المفترسة الأخرى، مثل الأصداف، والريش، والمخالب.

أمّا الإنسان، فهو لا يملك أيّاً من تلك الأسلحة التي تساعد على البقاء.

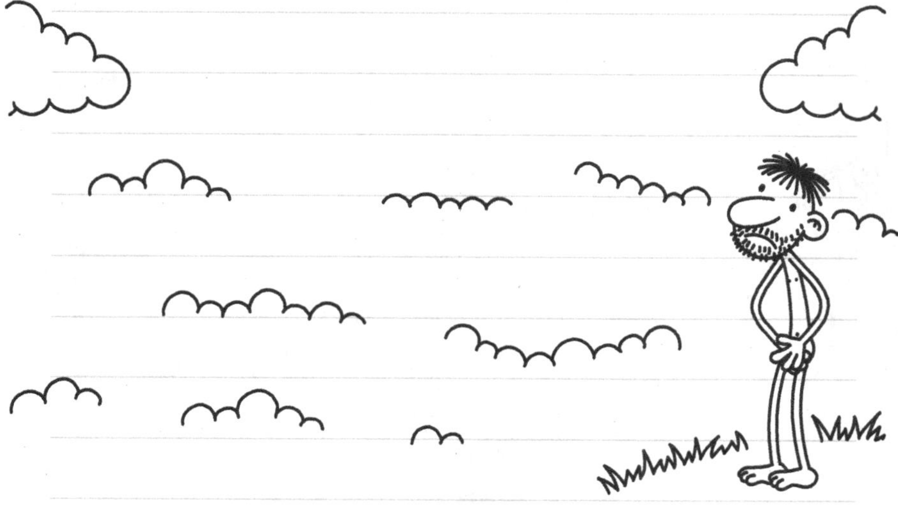

أعتقد أنّ الله عوّضنا عن ذلك بأن منحنا أدمغة كبيرة. ولكن لو عاد الأمر إليّ، لاخترتُ الريش على الأرجح.

خطر ببالي أنه ما دام حيوان صغير مثل الظربان قادر على إخافة المفترسين برائحته الكريهة وحسب، فمن المحتمل جدّاً أن تنفع هذه الحيلة معي. عندئذ، اتّخذت قراراً بعدم الاستحمام بتاتاً قبل انتهاء دراستي الثانوية.

لكن ربّما ما كان يجدر بي أن أخبر أمّي بخطّتي تلك، لأنّها تذكّرت عندئذٍ أنّني لم أستحمّ اليوم. فما كان منها إلّا أن أجبرتني على الاستحمام في الصباح الباكر.

لحسن الحظّ، لا يزال لدينا بعض الهوت دوغ في العربة، فقام أبي بشيّها على النار. لكنّ ذلك الظربان لم يبارح تفكيري طوال اليوم. لذا، كنت أشعر أساساً بشيء من التوتّر عندما انهال علينا رذاذ مفاجئ.

لكن لم يكن الرذاذ صادراً عن ظربان، بل عن أحد الجيران. يبدو أنّ الساعة التاسعة هي موعد إطفاء الأضواء في المخيّم، وأعتقد أنّ الناس هنا يأخذون الأمر على محمل الجدّ.

هكذا دخلنا عربتنا وخلدنا للنوم. غير أنّني لم أستطع أن أنام حقّاً، فكما سبق وقلت، هذه المخيّمات مزدحمة للغاية.

الأحد

سرعان ما تبيّن لنا أنّ المخيّم بأكمله ينام باكراً وينهض باكراً. ولم نكن بحاجة حتّى إلى ضبط منبّهاتنا على ساعة معيّنة، لأنّنا نعرف من الجيران أنّ وقت النهوض قد حان.

صدّقوا أو لا تصدّقوا، كان ثمّة رجل ينحت الخشب في مخيّمه على بعد بضع عربات منّا. فقرّرت أن أعبّر له عن مدى انزعاجي وعن رأيي الصريح بسلوكه، ولكن عندما رأيت المنشار بيده، تخيّلت أنّني أستطيع أن أغضّ النظر هذه المرّة.

عندما نهض أبي من السرير، بدأ بتحضير البانكيك والبيض على المشواة. كانت أمّي قد عادت للتوّ من الحمّام، فأعطتني فكرة مفصّلة عن كيفية سير الأمور هناك.

قالت إنّ علينا أن ندفع بقطع معدنية من فئة الربع من أجل تشغيل الدش. وطلبت منّي في طريق العودة أن أتوقّف عند غرفة غسيل الملابس لأنقل ملابسنا من الغسّالة إلى آلة التجفيف.

لم تعجبني على الإطلاق فكرة الاستحمام بجوار مجموعة من الغرباء. فعندما تعيشون في منزل واحد مع أفراد أسرتكم، يكون الحمّام المكان الوحيد الذي تنعمون فيه بشيء من الخصوصيّة. لذلك، عندما أنفرد بنفسي هناك، أنسى الواقع تماماً، وأعيش في عالمي الصغير الخاصّ.

وما إن أُغلقُ خلفي ذاك الباب، حتّى أبدأ بفعل ما يحلو لي.

لكن في بعض الأحيان، أورّط نفسي بمشاكل هناك. ففي إحدى المرّات، كدت أحطّم أضلاعي فعلاً عندما بدأت بتقليد الرجل العنكبوت وأنا في حجرة الدش.

عندما وصلت إلى الحمّام، كان طابور الانتظار قد التفّ حول المبنى. فاضطررت للتعرّف إلى بقيّة النزلاء أكثر ممّا أردت.

ظننت أنّ الطابور سيتفرّع عند المدخل، وسيدخل الرجال في اتّجاه والنساء في اتّجاه آخر. ولكن سرعان ما تبيّن لي أنّ هذا المكان لا يشتمل على فرز من هذا النوع.

اكتشفتُ أنّ سبب طول طابور الانتظار يعود إلى وجود ثلاث حجرات استحمام فقط في الداخل. وعندما حان دوري أخيراً، وضعتُ قطعة معدنية في الشقّ المخصّص للنقود خارج الحجرة، وهكذا بدأت المياه تتدفّق.

كان الماء الساخن عظيماً، لا سيّما وأنّني لم أحصل على حمّام ساخن منذ بضعة أيّام.

لكنّني لم أستطع الاستمتاع حقّاً لأنّ جدران الحجرة لم تكن مرتفعة بما فيه الكفاية.

أغمضتُ عينَيّ، وحاولت أن أتخيّل أنّني بمفردي. لكنّ ذلك لم يكن بالأمر السهل، لأنّ السيدة التي كانت تستحمّ في الحجرة المجاورة بدأت تثرثر.

قرّرت أن أختصر حمّامي وأغادر ذلك المكان بسرعة. لكنّ المياه انقطعت فجأة قبل أن يتسنّى لي حتّى غسل سائل الاستحمام عن شعري.

تبيّن لي أنّ الربع الواحد لا يشغّل المياه الساخنة سوى لمدّة ثلاث دقائق. فحاولت أن أناول الشخص التالي في الطابور ربعاً لكي يضعه في الشقّ، لكنّني لم أستطع أن أستحوذ تماماً على انتباهه.

هكذا خرجت بنفسي من تحت الدُّش لأسقط القطعة المعدنية. لكنّني بتلك الخطوة، منحت ذلك الرجل الفرصة التي كان يتحيّن اقتناصها.

وما أثار أعصابي حقّاً هو أنّه بدأ يستخدم صابون الاستحمام الخاصّ بي.

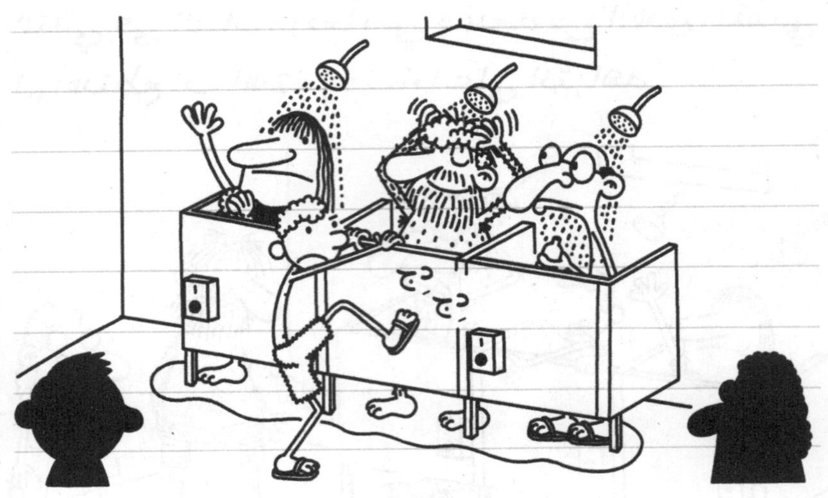

لم أشعر بالرغبة في الدخول في شجار مع شخص كهذا، لذلك خرجت من الحمّام. لكنّ الصابون بدأ يسيل على عينيّ، وبالكاد استطعت أن أتبيّن طريقي.

لحسن الحظّ، استطعت الوصول إلى غرفة غسيل الملابس. كانت ثمّة مغسلة هناك، وكانت تلك المياه مجّانية.

أخيراً، عندما انتهيت من غسل شعري، بدأت أبحث عن ملابسنا. إلّا أنّ أحدهم عمد على ما يبدو إلى إخراجها من الغسّالة وألقى بها على الأرض لكي يتمكّن من وضع غسيله مكانها.

بعدما نقلت ملابسنا إلى آلة التجفيف، قرّرت أن أتجوّل في الجوار لأعرف مَن هو قليل الأدب الذي رمى غسيلنا على الأرض، لأنّه سيعود حتماً لأخذ ملابسه بعد قليل.

لكن عندما عرفت مَن يكون، راجعتُ نفسي وفضّلت أن أغضّ النظر مرّة أخرى.

عندما عدت إلى مخيّمنا، لم أرغب سوى في العودة إلى سريري والتكوّر فيه. لكن فور وصولي، أخبرتني أمّي أنّنا ذاهبون جميعاً إلى البحيرة لتمضية اليوم، وطلبت منّي أن أرتدي سروال السباحة على الفور.

ذكّرتُها أنّني لم أعد أملك سروال سباحة، على أمل أن تكون هذه الحجّة كافية لأنجو من هذه الورطة، ولا أضطرّ لمرافقتهم. لكن أمّي أكّدت أنّ لدى رودريك سروال سباحة احتياطي. ومع أنّني لم أكن أهوى ارتداء سروال سباحة استعمله شخص آخر، إلّا أنّني وافقت مرغماً.

تصوّرت أنّنا إذا مرحنا في البحيرة لبضع دقائق، وتظاهرنا أنّنا نستمتع بوقتنا حقّاً، ستشعر أمّي بالرضى وتسمح لنا بالعودة إلى المخيّم إذا أردنا. لكن تبيّن أنّها أحضرت معها الكاميرا، وهذا ما يعقّد الأمور دائماً.

هذا الصيف، أمضت أمّي وقتاً طويلاً على وسائل التواصل الاجتماعي. وكلّما رأت كم تبدو صديقاتها سعيدات مع أسرهنّ في الصور، شعرت بالغيرة.

فتلتقط لنا بضع صور لنبدو أنّنا نمضي وقتاً ممتعاً نحن أيضاً. ولكن لا شكّ أنّ أسرتي تعاني من خطب ما، لأنّنا يستحيل أن ننجح في تمثيل المشهد كما ينبغي.

بدت البحيرة رائعة حقّاً عندما أطللنا عليها من الجسر. ولكن ما إن اقتربنا، حتّى اختلف المشهد تماماً.

توقّعتُ أن أجد مياه البحيرة صافية، مثل مياه بحيرة مزرعة الأسماك، ولكنّها بدت لي قذرة. ويرجع السبب على الأرجح إلى أنّ الناس لا يستعملونها للسباحة فقط.

ظننتُ أنّ الناس يتصرّفون بجنون في حوض السباحة، ولكنّ الوضع في البحيرة كان على مستوى مختلف تماماً.

كان ثمّة حبل يتدلّى من غصن شجرة كبيرة ويمتدّ فوق البحيرة. غير أنّني لم أكن أنوي استعمال ذلك الشيء ما لم تمطر لبضعة أيّام أوّلاً.

انتشرت أطواف عائمة على سطح الماء، فخطر ببالي أن أستحوذ على أحدها واسترخي عليه قليلاً. لكنّني تراجعت عندما لاحظت أنّ الأولاد يستعملونها للانتقال من ضفّة إلى أخرى من دون التعرّض للبلل.

لم أرغب في الاقتراب بأيّ شكل من الأشكال من التلّ الواقع عند أطراف البحيرة، لأنّ بعض المراهقين كانوا يلقون بأنفسهم في الماء وهم بداخل إطارات جرّار.

أرادت أمّي أن نسبح جميعنا معاً، ولكنّني كنت خائفاً جدّاً بسبب تجربتي الأخيرة في البحيرة. بالإضافة إلى ذلك، أنا لا أطمئنّ عموماً للماء الذي أستطيع أن أرى عبره.

كان ثمّة شيء غريب بارز من سطح الماء في وسط البحيرة، فأخبرت أبي عنه. لكنّه قال إنّه على الأرجح مجرّد غصن شجرة، مع أنّه لم يبدُ لي كذلك. وعندما لا ترون سوى جزءاً من شيء ما، فمن المحتمل أن يكون أيّ شيء.

لم يكن أيّ من شباب الأسرة الآخرين بمزاج للسباحة، لذلك وضعنا أغراضنا على الأرض وجلسنا للاسترخاء. لكن تبيّن أنّ شاطئ البحيرة ليس مثل شاطئ البحر، إذ لم تكد تمض بضع ثوانٍ على جلوسنا هناك، حتّى بدأنا نغرق في الطين.

أعلنت أمّي أنّنا يستحيل أن نعود إلى المخيّم إن لم نقم بشيء ممتع. كان ثمّة زورق لا يستعمله أحد، فاقترحَت علينا أن نجرّه إلى الماء. في الواقع، لم يكن لديّ مانع في التواجد على سطح الماء، ما دمنا لسنا مضطرّين للخوض فيه.

هكذا صعدنا على متن الزورق واحداً تلو الآخر، الأمر الذي لم يكن بالسهولة التي ظننت.

انحنيتُ إلى الأسفل، تماماً كما أوصاني أبي. أمّا رودريك فلم يفعل، وهكذا كدنا أن ننقلب ونسقط في البحيرة ونحن لا نزال أمام الرصيف.

بعدما أصبحنا جميعاً على متن الزورق، بدأنا نجدّف متّجهين إلى وسط البحيرة. لكن بدا لنا أنّ الأشخاص الذين يسبحون في الجوار كانوا على عجلة من أمرهم للابتعاد من طريقنا.

وما لبثنا أن عرفنا السبب. فما إن أصبحنا في وسط البحيرة، حتّى هبط شيء ضخم بالقرب من زورقنا. ولم تكد تمرّ ثانية واحدة، حتّى سقطت قذيفة أخرى.

كان بعض المراهقين قد تمركزوا فوق التلّ، وحوّلوا أرجوحة إلى مقلاع ضخم، ثمّ استخدمونا هدفاً لقذائفهم.

هذا يفسّر لماذا لم يكن أحد يستعمل هذا الزورق. حاولنا أن نجذّف للعودة إلى الرصيف والنجاة بأرواحنا، لكنّ الشباب على التلّ كانوا يصيبون الهدف بدقّة أكبر مع كلّ طلقة.

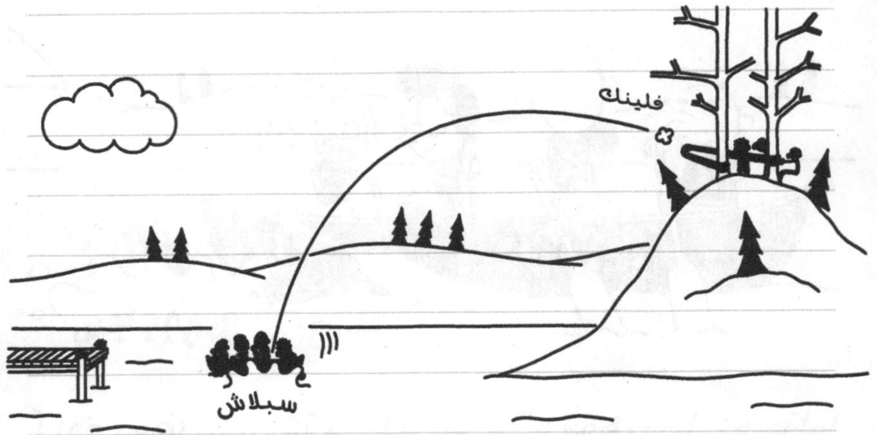

أعتقد أنّ رودريك خشيَ من التعرّض للإصابة، لذلك قرّر ترك المركب. وهذا ما سبّب لنا مشكلة نحن البقيّة، لأنّ توازننا اختلّ تماماً بعد نزوله.

انقلب زورقنا رأساً على عَقِب، وانتهى بنا المطاف أنا وأبي بطريقة ما تحته. ظننت في البداية أنّ هذا الأمر أتى في صالحنا، لأنّنا أصبحنا محميين من القصف.

لكن سرعان ما غيّرت رأيي عندما تعرّضنا لإصابة مباشرة، لأنّ ذلك كان أشبه بالتواجد داخل طبل.

تركتُ وأبي الزورق، وسبحنا بكلّ قوانا نحو الرصيف. وكان علينا أن نتحرّك بسرعة قدر الإمكان، لأنّ الشباب بدأوا الآن يتفنّون في القصف.

تسلّقنا الرصيف بصعوبة، وتمدّدنا هناك وقد خارت قوانا تماماً. كانت أمّي منزعجة للغاية لأنّ المياه قضت على الكاميرا، لكنّني لم أرغب حقّاً أن تُلتقط لي صورة في تلك اللحظة على أيّ حال.

الاثنين

أدركت أمّي على ما أظنّ أنّنا حصلنا على كفايتنا من النشاطات العائلية، لأنّها أعلنت اليوم أنّه بإمكان كلّ منّا أن يفعل ما يحلو له. وكنت أخطّط للاسترخاء لبعض الوقت، لكن كان لديها أفكار أخرى بشأني.

قالت لي إنّ هذا المخيّم مليء بأولاد في سنّي، وهذه فرصة ممتازة برأيها لكي أختلط وأتعرّف إلى أصدقاء جدد.

قلت لأمّي إنّني لست في مزاج للقيام بنشاطات اجتماعية، كما أنّني لا أرى جدوى من محاولة إقامة صداقات جديدة، بما أنّني لن أرى أيّاً من هؤلاء الأولاد مرّة أخرى.

لكنّها أكّدت لي أنّ بعضاً من أفضل صديقاتها حتّى اليوم هنّ فتيات تعرّفت إليهنّ في المخيّم الصيفي عندما كانت في سنّي.

قلت لها إنّ الأمور اختلفت اليوم عمّا كانت عليه في شبابها، وإنّه من الأصعب بكثير إقامة صداقات مع غرباء هذه الأيّام. فما كان منها إلّا أن تبرّعت بتقديم المساعدة لي في هذا الشأن.

بعد عشر دقائق، مرّت مجموعة من الفتيان بالقرب من مخيّمنا، حاملين صنانير الصيد. وقبل أن أتمكّن من إيقافها، بدأت بتعريفنا إلى بعضنا البعض.

لحسن الحظّ، لم يعتدِ أولئك الأولاد عليّ بالضرب في اللحظة التي ابتعدت فيها أمّي عن الأنظار. قالوا إنّهم ذاهبون إلى الموقع الذي يصطادون فيه، وإنّه بإمكاني المجيء معهم إذا أحببت.

لم أكن من هواة الصيد حقّاً، ولكنّني فكّرت في مرافقتهم إرضاءً لأمّي وحسب.

تعرّفت إلى وجوه بعض الأولاد لأنّهم كانوا يلهون في المسبح في اليوم الفائت. وفي طريقنا إلى الجدول، أخبروني بأسمائهم.

كان الجميع ينادون الفتى الأقصر بينهم جوجو، وبدا كأنّه هو الزعيم. أمّا الفتى الذي يضخ العوّامة فيُدعى ماركوس الكبير، غير أنّني لم أستطع أن أعرف حقّاً ما إذا كان يضخ ذاك الشيء للتسلية، أم أنّه لم يستطع الخروج منه.

كان الفتى الطويل يدعى زيكو، والآخر ذو الرأس الحليق يدعى دودو. أنا لا أقصد الإهانة أو ما إلى ذلك، ولكنّ ذلك الفتى اسم على مسمّى، ومن الأسلم تجنّبه.

بعد برهة، انضمّ إلينا بضعة أولاد آخرين، وكان لكلّ منهم لقب أيضاً. لذا، أعتقد أنّ هذا تقليد سائد هنا.

سألني جوجو عن اسمي. كان أوّل ما خطر ببالي أنّني لا أريد لأيّ من أولئك الفتيان أن يبحثوا عنّي لاحقاً. لذلك فكّرت، بما أنّ لكلّ منهم لقب، يمكنني أن أمنح نفسي أنا الآخر لقباً.

كانت المياه ضحلة جدّاً في هذه البقعة من الجدول، لذلك لم أفهم كيف سيتمكّن أيّ منهم من التقاط سمكة. لكن سرعان ما اكتشفت أنّ أولئك الأولاد لم يأتوا إلى هذا المكان سعياً وراء الصيد، بل الكلام. وكانوا يتجادلون على كلّ شيء.

تناول الموضوع الأوّل هويّة البطل الخارق الذي يمكن أن يفوز في عراك، ثمّ تحوّل ذلك إلى حديث عن أيّ من أولئك الأبطال الخارقين هو الأفضل. وبطريقة ما، أصبح الحديث جدالاً حول نوع الحيوانات التي ستختارون قتالها إذا حُكم عليكم بالإعدام.

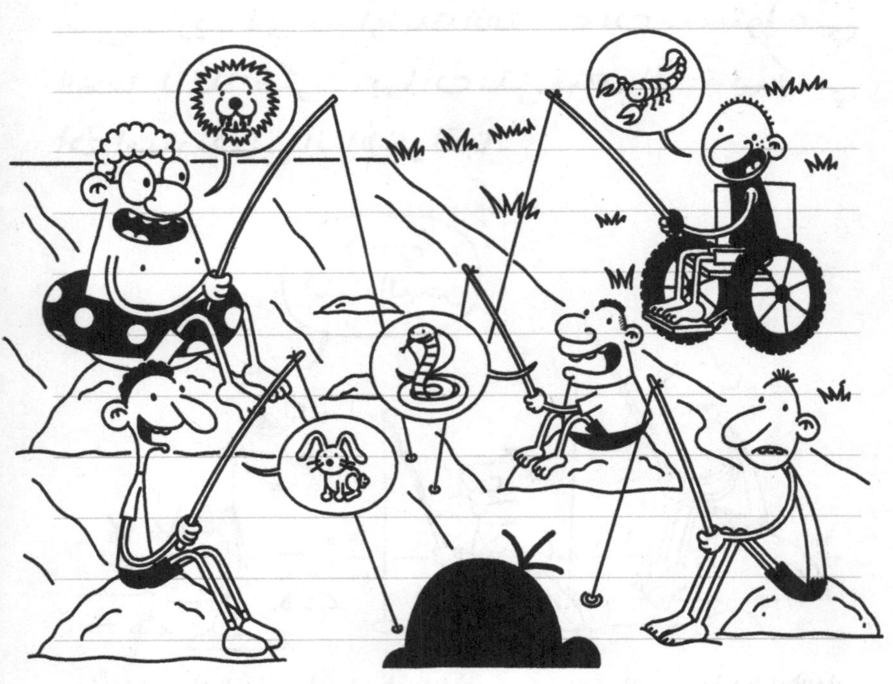

ثمّ دخل الجميع في جدل عقيم حول ما إذا كان من الأفضل قتال إنسان برأس قرش أم قرش برأس إنسان. انقسم الشباب إلى فريقين حول هذا الموضوع، وسرعان ما اشتدّ الخصام بينهم.

أصبح الجدال حامياً، ولم يلبث أن تحوّل إلى عراك جسدي. وبما أنّني لم أرغب في التعرّض للأذى، فقد حاولت البقاء بعيداً عن طريقهم.

لكن فجأة، توقّف الشجار، وعاد الجميع يتصرّفون بمودّة كما لو أنّ شيئاً لم يحدث.

كنت قد بدأت أتوتّر بسبب وجودي بجوار مجموعة من الفتيان المستهترين الذين يحبّون حلّ المشاكل بأيديهم، فقلت لهم إنّني أفكّر في العودة إلى المخيّم. غير أنّ جوجو أصرّ عليّ للبقاء لبعض الوقت، وقال، بما أنّني الفتى الجديد هنا، فمن واجبهم أن يُسدوا إليّ بعض النصائح التي ستجعل إقامتي في هذا المكان أكثر متعة. فقرّرت أن أجاريهم، وذلك على الأغلب لأنّني لم أرغب في أن يحاصرني دودو.

يأتي هؤلاء الفتيان إلى هذا المكان منذ سنوات، ولذلك فهم يعرفون كلّ المداخل والمخارج، ولا تفوتهم شاردة أو واردة. يعرفون من أين يمكن الحصول على كيس مجّاني من الأعواد المملّحة من آلة البيع في صالة الأركاد، والوقت المحدّد الذي تصل فيه الشاحنة لتزويد متجر المخيّم بالبضائع، وأين يجب أن تكون عندما يتخلّصون من الكعك المحلّى البائت.

كما أنّهم يعرفون أين تقيم كلّ فتيات المخيّم الجميلات وأين تتناول كلّ منهنّ غداءها.

كان هؤلاء الأولاد بارعين في تدبير المقالب أيضاً. فقد وجد زيكو عبوة سائل استحمام نصف فارغة على الأرض، وهذا ما ألهم جوجو فكرة مسلّية. فقادنا إلى الباحة خلف الحمّامات، وصولاً إلى الجدار الواقع إلى الجانب الآخر من حجرات الاستحمام.

وما إن انتهى أحد الرجال من غسل رأسه من الصابون، حتّى عصر جوجو مزيداً من سائل الاستحمام على شعره.

غسل الرجل شعره مجدّداً، وما إن انتهى من ذلك، حتّى أعطاه جوجو عصرة أخرى. وبعد جولتين إضافيتين على هذا النحو، جُنّ جنون الرجل في الداخل وفقد أعصابه تماماً.

ولكن عندما سمع ضحكة خنجر، عرفنا أنّ أمرنا قد كُشف.

لحسن الحظّ، كان أولئك الأولاد يعرفون أيضاً جميع المخابئ الجيّدة في المخيّم. فاختبأنا خلف كشك المأكولات الخفيفة إلى أن أصبح المكان آمناً.

لم يسبق لي أن رافقت مجموعة كبيرة من الأصدقاء من قبل، وكنت قد بدأت أستمتع بوقتي.

أراد الشباب الذهاب إلى الحقل المجاور للبحيرة وممارسة بعض الألعاب المسلّية. فخُيّل إليّ أنّهم يريدون أن يلعبوا الطابة أو اللقّيطة، وهي من الألعاب التي أبرع فيها.

لكن لأولئك الفتيان فكرتهم الخاصّة عن المرح.

فقد تضمّنت معظم ألعابهم شيئاً مثل استهداف بعضهم البعض بالطابة، أو رمي أحدهم في الهواء، أو الاثنين في وقت واحد.

كانت آخر لعبة شاركنا فيها تدعى الحصن، وفيها يشكّل الجميع سلسلة بشرية، ويحاولون منع شخص من اختراقها. لكن لا يمكن لشيء أن يقف في طريق ماركوس الكبير، لذلك استسلمنا نحن البقيّة.

بعد هذا النهار الحافل، أراد الشباب العودة إلى المخيّم، ولكن في تلك اللحظة بالذات، سقط علينا شيء من السماء.

كان المراهقون المتمركزون على التلّ يضربون من جديد، فقد قصفونا بالبطّيخ بواسطة أرجوحتهم. هُرعنا للاختباء تحت السقيفة المخصّصة لرَكن الـزوارق. وعندما أصبحنا بمأمن من القذائف، أخبرني جوجو بما يجري.

قال لي إنّه في كلّ مرّة يخرج هو وبقيّة الفتيان للعب في ذلك الحقل، يقصفهم المراهقون بالبطّيخ. فتمنّيت حقّاً لو أنّ أحدهم أخبرني بذلك قبل أن أوافق على المجيء إلى هنا.

لكنّ جوجو أعلن أنّ فريقه كان اليوم مستعدّاً لشنّ هجوم مضادّ.

كانوا قد خبّأوا مجموعة من الأسلحة المائية في أحد الزوارق، وباتت لديهم ترسانة حربية خطيرة مخزّنة هناك. فاختار كلّ منهم سلاحاً لنفسه، وبما أنّني الفتى الجديد بينهم، فكنت آخر من سُمح له بالاختيار.

لم أشعر بالحماسة لفكرة خوض معركة ضارية كهذه بواسطة مسدّس للأطفال، ولذلك قلت للفتيان إنّني قد تأخّرت حقّاً وعليّ العودة إلى أسرتي.

لكنّ جوجو قال إنّني واحداً منهم الآن، وإنّنا جميعاً في هذه المعركة معاً. في تلك اللحظة كان عليّ على الأرجح أن أنجو بنفسي، ولكنّني لم أرغب في أن أخيّب أمل أولئك الشباب.

تحلّقنا جميعاً حول جوجو، الذي انحنى وبدا يرسم لنا خطّة حربية على التراب. شرح لنا قائلاً إنّ على أحدنا أن يتطوّع ليكون طُعماً على البحيرة، وهكذا يتمكّن بقيّة الفريق من التسلّل، ومباغتة المراهقين من الخلف.

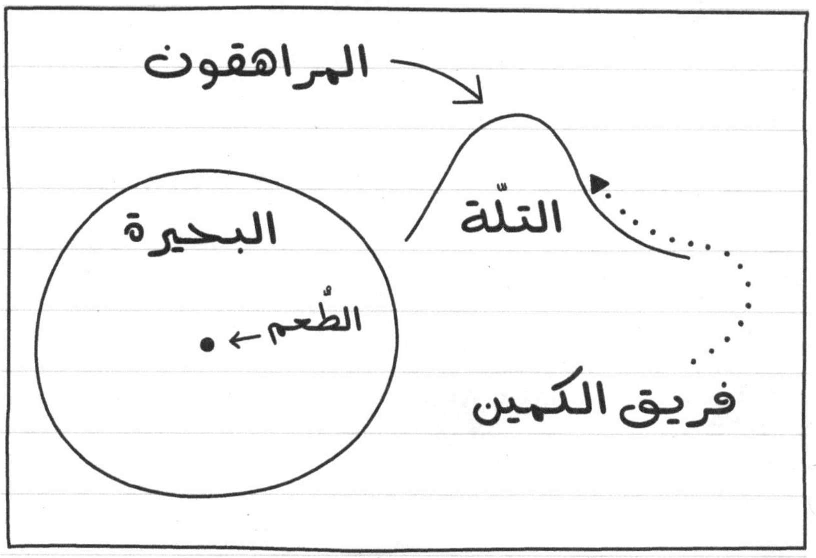

لم يرغب أحد في التطوّع لمهمّة كهذه بملء إرادته، فأجرينا تصويتاً، وهكذا وقع الاختيار على ماركوس الكبير. صحيح أنّني شعرت ببعض الأسف من أجله، ولكنّني فرحت أيضاً لأنّهم لم يرسلوا بي إلى هناك.

سبح ماركوس الكبير بالعوّامة إلى وسط البحيرة. وبالفعل، ما إن رصده المراهقون، حتّى فتحوا النار عليه.

في تلك اللحظة، تحرّكنا نحن البقيّة لتنفيذ الجزء الآخر من الخطّة.

انهلنا عليهم بكلّ ما معنا من ذخيرة، وعندما فرغت أسلحتنا، كان أولئك المراهقون قد ابتلّوا بالكامل.

لكن أتمنّى لو أنّ جوجو فكّر قليلاً بالخطوة التالية عندما وضع خطّته العبقريّة تلك، لأنّنا لم نفعل في الواقع سوى تأجيج غضب الشبّان.

طاردَنا المراهقون طوال الطريق، مروراً بالمبنى الرئيس للمركز، إلى أن انعطفنا عند الزاوية، بالقرب من غرفة غسيل الملابس. ظننت أنّنا واقعون في قبضتهم لا محالة، لكنّ ماركوس الكبير اختار الوقت المناسب تماماً للانضمام إلى الفريق.

وهذا ما منحنا وقتاً إضافياً، فاستخدمناه لإعادة ملء أسلحتنا المائية بالذخيرة من كشك المأكولات الخفيفة.

أخذ خنجر بضع عبوات من الكاتشاب والخردل لتعزيز قوّتنا الحربية. وهكذا عندما وصل المراهقون، كنّا على أتمّ الجهوزيّة لصدّ الهجوم.

ولا أدري ما إذا كانت الصودا أم الكاتشاب هو الذي حسم المعركة، ولكن لم تمرّ بضع ثوانٍ، حتّى امتلأ الكشك بالنحل.

هُرعنا إلى المخبأ الذي لجأنا إليه في وقت سابق من النهار، واستغرقنا دقيقة من الوقت لالتقاط أنفاسنا.

كان الجميع في مزاج للاحتفال بالنصر، ولكنّ جوجو بدا قلقاً. قال لنا إنّ أولئك المراهقين سيعودون حتماً للانتقام منّا، وإنّ مدير المخيّم سيثور غضباً حين يرى حجم الفوضى التي تسبّبنا بها في كشك المأكولات الخفيفة.

طلب منّا خنجر أن نقطع عهداً على أنفسنا أنّه في حال قُبض على أحدنا، فإنّه لن يشيَ بالآخرين. وبدا أنّ الجميع أحبّوا تلك الفكرة لأنّهم وافقوا عليها من دون إبداء أيّ اعتراض.

لكنّ الأمور تعقّدت من جديد عندما بدأنا نتحدّث عن جزاء الإخلال بهذا العهد، ذلك أنّ كلّاً منّا طرح فكرة مختلفة عن طبيعة ذلك الجزاء.

ارتأى ماركوس الكبير أنّه في حال أخلّ أحدنا بالعهد، فسوف يتحتّم عليه أن يخوض تحدّي العصيّ الإسفنجية. غير أنّني وجدت هذا العقاب قاسياً للغاية.

وقال ماركوس العادي إنّ الجزاء يجب أن يكون أسوأ من ذلك بعد. فاقترح، في حال وشى أحدنا بعضو آخر من أعضاء الفريق، أن يرتدي سرواله على رأسه ليوم كامل أمام أنظار الجميع.

أراد آخرون أخذ الأمور إلى أبعد من ذلك. فقال مسمار إنّه إذا وشى أحدنا بغيره، فسوف يتحتّم عليه ارتداء سروال والده على رأسه، والسير به أمام عربات الفتيات الجميلات في وقت الغداء.

ثمّ دخلوا في نزاع حول ما إذا كان يجب أن يكون السروال نظيفاً أم قذراً، وأصبح الشجار جسدياً مرّة أخرى. لكنّني سررت في الواقع، لأنّ ذلك منحني الفرصة التي أحتاج إليها للانسحاب.

الثلاثاء

لحسن الحظّ، لم يكن لدى أمّي خطط كبيرة بشأننا لهذا اليوم. ونظراً لكلّ ما جرى يوم أمس، لم أرغب سوى في التمدّد والاسترخاء لبقيّة الرحلة.

ذهبت أمّي إلى متجر المخيّم لكي تشتري بعض الأغراض التي تنقصها للعشاء. وعندما عادت، بدت في غاية الحماسة بشأن منشور كانوا يوزّعونه في المبنى الرئيس.

لم يكن أيّ منّا توّاقاً للذهاب إلى حفلة حول المسبح، لكنّ أمّي رأت أنّ هذا قد يكون كلّ ما نحتاج إليه لكي تتبدّل حظوظنا في هذه الرحلة.

جميعنا نعرف تماماً أنّه من غير الممكن إقناع أمّي بالتخلّي عن فكرة وضعتها في رأسها. بالإضافة إلى ذلك، كان الجوّ حارّاً ورطباً طوال اليوم، ولذلك تخيّلت أنّنا سنستفيد من تمضية بضع ساعات في السباحة في يوم كهذا.

نسيَت أمّي إحضار بعض الأدوات البلاستيكية من المتجر، فأرسلتني إلى هناك مع قليل من المال. غير أنّني شعرت بشيء من التوتّر وخشيتُ أن يراني أحد أولئك المراهقين في الطريق. لذلك عزمتُ على الذهاب إلى المتجر لشراء الأغراض والعودة بأسرع ما يمكن.

غير أنّني توقّفت في مكاني عندما ناداني ماركوس العادي من خلف كشك المأكولات الخفيفة.

أخبرني ماركوس العادي أنّه منذ الصباح وهو يصادف هذه المنشورات في أرجاء المخيّم، ثمّ أراني منشوراً أخذه من غرفة الغسيل.

حفلة مثلّجات!

استبدل سلاحك المائي

بطبق مثلّجات مجاني!

ما إن رأيت المنشور حتّى عرفت على الفور أنّها مجرّد خدعة. فأخبرت ماركوس العادي أنّ مدير المخيّم يحاول القبض على الأولاد الذين خرّبوا كشك المأكولات الخفيفة، وأنّه يستخدم هذا المنشور طعماً. ثمّ نبّهته من عدم السقوط في هذا الفخّ، وطلبتُ منه إخبار بقيّة الشباب بعدم التقاط الطعم هم أيضاً.

لكنّه قال لي إنّ الأوان قد فات أساساً. فعندما وُزّعت أولى المناشير، لم يفكر جوجو وبقيّة الشباب مرّتين، بل حملوا أسلحتهم المائية، وتوجّهوا مباشرة إلى المبنى الرئيس.

قال ماركوس العادي إنّـه كان ينبغي أن يكون معهم الآن، ولكنّه اضطرّ للذهاب إلى عربته لكي يحضر بندقيّته. وعندما عاد إلى هناك للحاق بهم، وجد الباب مقفلاً ولم يستطع الدخول.

فما كان منه إلاّ أن تسلّق حاوية تدوير نفايات لاستراق النظر من النافذة، ورؤيـة ما يجري في الداخل. وما رآه لم يسرّه على الإطلاق.

وقف مدير المخيّم وراح يصيح غاضباً في وجه جوجو وبقيّة أفراد الشلّة، ويقول لهم إنّ عليهم تنظيف كلّ زاوية من زوايا الكشك غداً صباحاً، وذلك بواسطة فراشي الأسنان، حتّى يعود أفضل ممّا كان.

أظنّ أنّ جوجو لم يعجبه هذا الكلام، فقال لمدير المخيّم إنّ المسألة كلّها هي عبارة عن سوء تفاهم كبير، لكنّه سيخبره بحقيقة ما جرى.

قال له إنّه وبقيّة الفتيان استُدرجوا إلى العراك رغماً عنهم، وإنّهم نفّذوا وحسب الأوامر التي كانت تصدر من قائدهم. وعندما سألهم مدير المخيّم مَن يكون زعيم الشلّة، لم يتردّد جوجو لحظةً واحدة بالتضحية بالفتى الجديد.

قال مدير المخيّم للفتيان إنّهم ممنوعون من المشاركة في الحفلة التي ستقام عند المسبح هذه الليلة. ثمّ أخلى سبيل الجميع، ما عدا جوجو، وطلب منه أن يرافقه لتفتيش المخيّم عربة عربة بحثاً عن جيمي كلب البحر، إلى أن يعثر عليه ويثبت وجوده.

لم أكن أنوي إطلاقاً التواجد في عربتي عندما يأتيان للبحث عنّي. لذلك اشتريت الأغراض التي طلبتها أمّي من المتجر، ثمّ هُرعتُ عائداً إلى مخيّمنا، وحثثتُ الجميع على الإسراع والتوجّه إلى حفلة حوض السباحة فوراً.

تصوّرتُ أنّ المسبح هو المكان الذي سأشعر فيه بالأمان حقّاً. ولكن ما إن وصلت إلى هناك، حتى أدركت أنّني كنت مخطئاً تماماً.

يبدو أنّ مزيج الموسيقى الصاخبة والليل أثارا جنون الناس على نحو زائد نوعاً ما. ولم يقتصر الجنون على الأولاد فحسب هذه المرّة، بل شمل الكبار أيضاً.

حوّلت مجموعة من الآباء الطرف الضحل من المسبح إلى دوّامة حقيقية.

واستخدم أحدهم الزبدة لتشحيم الزلّاقة، ثمّ راح عدد من المتهوّرين يعبرون ذاك الشيء بسرعة مائة ميل في الساعة.

كان ثمّة فيلم يُعرض على شاشة كبيرة عُلّقت بالقرب من الطرف العميق من المسبح. وأيّاً يكن من اختار الفيلم، فقد كان يجدر به على الأرجح انتقاء موضوع مناسب أكثر للعائلات.

لم تُعر أمّي أيّ انتباه لما يدور في المسبح. فقد تمّ تنظيم مجموعة من الأنشطة في المساحة الخضراء، وأرادت منّا المشاركة في كلّ شيء.

هكذا دخلنا سباق فَقع البالونات كعائلة، ولكنّنا حللنا في المرتبة الأخيرة لأنّ وزن ماني لم يكن كافياً لتفجير البالون الأوّل.

طلبَت أمّي من أبي المشاركة في سباق أكبر كرش، ولكنّه لم يتمكّن حتّى من اجتياز الجولة الأولى.

شارك ماني منفرداً في سباق أكل الهوت دوغ، ولم تكن لديّ أدنى فكرة أنّ هذا الولد قادر على التهام كلّ هذا الطعام.

كما شاركت ورودريك في سباق العمود الدائخ، وفيه يقوم اللاعب بالدوران حول عصا بيسبول خمس مرّات، ثمّ يعطي الدور للاعب آخر في فريقه. إلّا أنّنا كنّا نلعب ضدّ ولدَين شاركا للتوّ في مسابقة أكل الهوت دوغ، ولذلك أصبح الوضع فوضوياً بعض الشيء.

حاولَت أمّي إقناعي بالمشاركة معها في مسابقة رقصة الأمّ والابن، ولكن صدّقوني، لو عَرضوا عليّ مال العالم كلّه ما كنت لأوافق على ذلك.

كنت أكثر اهتماماً بالمشاركة في مسابقة أكل الفطائر، لأنّها من المباريات التي شعرت أنّني يمكن أن أفوز فيها حقّاً. ولكنّ المنظّمين أقاموهَا في الوقت نفسه مع مسابقة الغطس على البطن، وكان مقعدي هو الأقرب إلى حوض السباحة.

بالحديث عن مسابقة الغطس على البطن، صعد عدد كبير من المشاركين على لوح الغطس في الوقت نفسه، ولم تكن المنصّة مهيّأة لتحمل كلّ هذا الوزن.

بعدما توقّفت نشاطات الحفلة، بدأت أمّي تلحّ علينا لكي ننزل إلى الماء ونسبح معاً كأسرة.

لكنّ المساحة المتاحة لم تكن كافية لنا جميعاً، ولم يكن أحد من الموجودين يسبح حقّاً على أيّ حال.

بدا لي أنّ الأشخاص الوحيدين الذين كانوا يستمتعون بوقتهم حقّاً هم أولئك الجالسون على الأطواف. ولكنّ الأطواف كانت كلّها مشغولة، ولم يكن أحد من شاغليها على استعداد للتخلّي عن طوفه.

فجأة، رأت أمّي عوّامة كبيرة جدّاً تطفو وسط المسبح. كان ذلك الشيء كبيراً جدّاً بحيث بدا وكأنّه إطار طائرة أو شيء من هذا القبيل. فما كان منّا إلّا أن سبحنا جميعاً نحوه قبل أن يستولي عليه أحد.

كان الإطار ضخماً جداً، بحيث استحال علينا الدخول فيه. ولكن مع قليل من العمل الجماعي، نجحنا في ذلك أخيراً.

عندما تسلّقنا الإطار، اكتشفنا أخيراً سبب كون ذاك الشيء فارغاً أصلاً.

أخيراً، بعد تلك الحادثة، بدت أمّي جاهزة للعودة إلى العربة. ومع أنّني فرحتُ لأنّنا سنغادر الحفلة، إلّا أنّني شعرت أيضاً بالأسف من أجلها، لأنّني كنت أعرف جيّداً كم أرادت لهذه الرحلة أن تكون مميّزة.

بدأ عدد كبير من الناس يغادرون المكان أيضاً، ولكن لا يزال ثمّة بعض الوافدين الجدد. حتّى أنّ وجوه بعضهم بدت لي مألوفة.

غادر بقيّة أفراد أسرتي المسبح، أمّا أنا فقرّرت المكوث هناك لبعض الوقت. في الحقيقة، لم أكن أعرف تماماً ما إذا كان أولئك المراهقون سيتعرّفون عليّ أم لا، ولكنّني لم أرغب في المجازفة على الإطلاق.

لا يزال المسبح يعجّ بالناس، ولذلك لم أجد صعوبة في الاختباء بينهم. لكن عندما قرّر أولئك الشباب النزول إلى الماء، أصبح من الأصعب عليّ الابتعاد عن أنظارهم.

وازداد وضعي سوءاً عندما انضمّ شخصان آخران إلى الحفلة، الأمر الذي قلّص فرص نجاتي كثيراً.

عرفتُ أنّ مدير المخيّم كان يبحث عنّي، لذلك قرّرت الذهاب في الاتّجاه الوحيد الذي يمكنني الفرار إليه، أي إلى الأسفل.

هبطتُ إلى قاع المسبح وجلست هناك. وعقدت العزم على البقاء في مخبأي ذاك طالما لزم الأمر.

كان الأوكسجين قد بدأ ينفد من رئتَيّ عندما وقع أمر غريب. فقد لمح ضوء مفاجئ، كما لو أنّ أحدهم قرّر التقاط صورة تحت الماء، ثمّ بدأ الجميع يتدافعون لمغادرة المسبح.

بعد عشر ثوانٍ، خلا المسبح من الجميع باستثنائي. وعندئذٍ فقط، غامرتُ وصعدت إلى السطح.

أوّل ما لاحظته عند وصولي هو المطر، الذي كان يتساقط بغزارة حقّاً. وما لبث أن لمح برق ساطع في السماء، وهذا ما فسّر سبب خروج الجميع من المسبح بتلك السرعة.

كان المراهقون وجوجو قد ذهبوا منذ وقت طويل، وكذلك أسرتي. وبما أنّني لم أرغب في التعرّض لصاعقة، تصوّرتُ أنّه من الأفضل لي مغادرة هذا المكان أنا الآخر.

تركتُ منطقة المسبح، وسلكتُ الطريق المؤدّي إلى العربة. لكن في الظلام والمطر، كان من الصعب عليّ أن أتبيّن بوضوح الاتّجاه الذي أسير فيه.

لمع البرق مجدّداً وبقوّة، وبدا كما لو أنّ صاعقة ضربت مكاناً ما في الجوار.

ثمّ انطلقت صفّارة الإنذار من سطح المبنى الرئيس، الأمر الذي جعل المشهد بكامله أكثر إثارة للأعصاب.

أدركتُ أنّني إذا مكثت في الخارج لمدّة أطول، فإنّني سأحترق وأتفحّم بلا شكّ. لكن مع الأسف، لم يقبل أحد من أصحاب العربات الفاخرة بإيوائي من المطر.

أخيراً، وصلت إلى عربتنا. وعندما فتحتُ الباب، وجدت أنّ أسرتي بكاملها قد سبقتني إلى هناك.

قالت أمّي إنّها اعتقدت أنّني سبقتهم إلى العربة عندما بدأ المطر يتساقط، ولم تصدّق عينَيها عندما وجدتني أمامها سليماً معافى.

بصراحة، أنا أيضاً شعرت أنّني نجوت بأعجوبة.

فقد هبّت تلك العاصفة في الوقت المناسب تماماً، مع أنّنا لسنا في موسم أمطار. إنّها حتماً القدرة الإلهيّة.

في هذه الليلة تعلمت شيئاً وهو أن الأمور الغريبة قد تحدث أحياناً.

إذا كنتم تتساءلون ما هو شعور المرء عندما يتعرّض لرذاذ الظربان، فيمكنني إخباركم بذلك عن تجربة شخصية. يشعر المرء كأنّه فقد بصره تماماً، وتلسعُه عيناه على نحو مثير للجنون.

لذا يتعيّن عليكم غسل العينَين بالماء، هذا إذا حالفكم الحظّ ووجدتم ماء بارداً في الجوار.

حالما تتحسّن قدرتكم على الرؤية بوضوح، تبدأون بملاحظة الرائحة، التي هي عبارة عن مزيج من رائحة البيض المتعفّن والجثّة المتحللة. ولا تشتمّونها فحسب، بل تشعرون بطعمها أيضاً. لكن صدّقوني، يُستحسن أن تلزموا الحذر ولا تتعرّضوا للرذاذ من أساسه.

تضمّن أحد الكتب التي اشتريناها من متجر عدّة التخييم فصلاً كاملاً عن التدابير التي يجب اتّباعها عند التعرّض لرذاذ الظربان. غير أنّه لم يساعدنا كثيراً، لأنّنا لم نستطع إيجاد أيّ من المكوّنات اللازمة إلّا بعد أن فتح متجر المخيّم أبوابه في الصباح التالي.

إذاً، فقد فاجأك الظربان!

إنّ التعرّض لرذاذ الظربان ليس مزحة. ولكن في حال حدوث ذلك، فاتبع الخطوات التالية لإزالة الرائحة:

- املأ حوض الاستحمام بـ 5 ليترات من 3٪ من بيروكيسد الهيدروجين، و20 ملعقة كبيرة من بيكربونات الصودا، و 10 ملاعق صغيرة من الصابون السائل.
- اغتسل، اشطف، ارغِ، وكرّر حسب الضرورة!

عرفنا أنّنا لا نستطيع الذهاب والخلود إلى النوم وهذه الرائحة الرهيبة تنبعث منا، ولذلك حاولنا إيجاد شيء لإخفائها قدر الإمكان.

لحسن الحظّ، كانت لدينا مجموعة من عبوات الكاتشاب والخردل في أحد الأدراج. كما عثر ماني على زجاجة عطر تركها العمّ غاري بين وسائد المقعد، ولكنّ رائحة ذلك العطر لم تكن أفضل بكثير من رائحة الظربان.

أمضينا ليلة رهيبة، وعندما استيقظنا في الصباح، أدركنا أنّ الرائحة النتنة لم تكن تفوح منّا نحن فحسب، بل كانت عالقة على كلّ ما في العربة أيضاً.

هكذا أفرغنا تلك العربة من محتوياتها بالكامل. وكان واضحاً أنّنا سنضطرّ للتخلّص من كلّ ما فيها تقريباً، لا سيّما الطعام.

أعطتني أمّي بعض المال، وأرسلتني إلى متجر المخيّم لإحضار ما يلزمنا لإزالة رائحة الظربان، فضلاً عن بعض الموادّ الغذائية. ولكن في طريقي إلى المبنى الرئيس، شعرت أنّه ثمّة خطباً ما.

أخيراً، عندما وصلتُ إلى المتجر، وقفتُ في مكاني مذهولاً. فقد كانت كلّ الموادّ الغذائية قد اختفت، وأصبحت الرفوف فارغة تقريباً من السلع. ومن حسن حظّي أنّني عثرت على بقية من بيروكيسد الهيدروجين وكربونات الصودا، لأنّني لو تأخّرت بضع دقائق بعد، لاستولى عليها أحدهم أيضاً على الأرجح.

حاولتُ أن أسأل الناس عمّا يجري هنا، ولكنني أظن أنّ الكاتشاب الذي استعملته أمس للتغطية على رائحة الظربان قد زال مفعوله.

بعدما دفعت ثمن أغراضي وخرجتُ من المتجر، صادفت أمامي دودو، الذي بدا أنّه لم يلحظ الرائحة الكريهة التي تفوح منّي.

أخبرني أنّ الناس يتصرّفون على هذا النحو الجنوني لأنّ صاعقةً ضربت الجسر المؤدّي إلى المخيّم في الليلة الفائتة، وأنّ جزءاً من الجسر قد دُمّر تماماً نتيجةً ذلك.

ثمّ أضاف أنّ شاحنة التوصيل لم تتمكّن من الوصول إلى المكان، الأمر الذي يفسّر سبب تهافت الجميع على أخذ كلّ ما في المتجر.

لكنّ الهلع أصابني في تلك اللحظة. لأنّه إذا كان من المستحيل على أحد دخول المخيّم، فهذا يعني أنّ الخروج منه مستحيل أيضاً.

رحتُ أجري عائداً إلى العربة بأقصى سرعتي لإخبار أمّي وأبي بما حدث. ولكن كان جيراننا قد استيقظوا من نومهم، وأبدوا انزعاجهم لأنّنا وضعنا كلّ أمتعتنا خارج العربة.

عندما دخلنا العربة، أبلغتُ أمّي وأبي بما حلّ بالجسر. فقالت أمّي إنّ الأهمّ الآن هو ألّا نصاب بالهلع لأنّ هذا لا يساعد على الإطلاق. وأضافت أنّ ما علينا أن نركّز عليه في هذه اللحظة هو التخلّص من هذه الرائحة، وبعدها نفكّر بباقي الأمور.

نصّت تعليمات إزالة رائحة الظربان على صبّ كربونات الصودا وبيروكسيد الهيدروجين في حمّام ماء ساخن، والتمدّد فيه. إلّا أنّ المخيّم لم يكن يحتوي على أحواض استحمام، لذلك استعملنا ثاني أفضل خيار. وتبيّن أنّ الكلاب لا تحبّ رائحة الظربان هي الأخرى.

لا شكّ أنّنا بقينا في حوض الماء الساخن لمدّة ساعة تقريباً. ولكن بينما كنّا نفرك أجسادنا ونغسل ملابسنا، خرجت الأمور تماماً عن السيطرة في المخيّم.

بدأ ذلك مع المياه. فعندما خلا متجر المخيّم من زجاجات مياه الشرب، تهافت الناس على صنبور الماء عند المبنى الرئيس لملء خزّاناتهم.

غير أنّ بعض الأشخاص أخذوا أكثر من حاجتهم خوفاً من العطش، فجفّ البئر تماماً.

عندئذٍ، بدأ الناس يستولون على الماء حيثما وجدوه.

بدأت الأمور تتّخذ منحى مزرياً حقّاً عندما نفدت القطع المعدنية التي يحتاج إليها النزلاء لتشغيل صنابير الدشّ.

وأصبحت القطع المعدنية الآن أشبه بالذهب، حتّى إنّني سمعت أنّ امرأة باعت خاتم زواجها مقابل خمسة وسبعين سنتاً.

ثار بعض الأشخاص غضباً لأنّهم لم يتمكّنوا من وضع أيديهم على أيّ قطع معدنية، فاعتدوا على صالة الأركاد.

تحوّل الناس بعد ذلك إلى غرفة غسيل الملابس. وكنت توّاقاً حقّاً لمعرفة كيف ستصبح رائحة هذا المكان بعد بضعة أيّام عندما يستنفد الجميع ملابسهم النظيفة.

لاحقاً، خطرت ببال أحدهم فكرة لامعة، وقرّر الحصول على الماء مباشرة من الخزّان البلاستيكي فوق حجرات الاستحمام.

سقط الخزّان عن السطح وراح يتدحرج على سفح التلّ. فتسرّبت نصف محتوياته على طول الطريق، قبل أن تنتهي رحلته أخيراً عند ملعب حدوة الحصان. وهناك، أفرغ النصف الآخر على الرمال.

أصيب الناس بهلع حقيقي، وحاولوا إنقاذ ما يمكن إنقاذه. لكنّ ملعب حدوة الحصان تحوّل إلى بركة من الرمال المتحرّكة، وكاد بضعة أشخاص أن يغرقوا فيه لو لم تتمّ إغاثتهم.

عندما اقترب موعد العشاء، بدأ الجميع يشعرون بالجوع. كان لدى البعض ما يكفيهم من الطعام لبضعة أيّام، ولكنّ معظم الناس كانوا يعتمدون على شراء ما يلزمهم من متجر المخيّم.

هكذا بدأ المشهد يصبح جنونياً بعض الشيء. فقد اعتدت عصبة من الأشخاص على كشك المأكولات الخفيفة، وسرق أحدهم كيساً كبيراً من طعام القطط من المنطقة المخصّصة للحيوانات الأليفة.

يبدو أنّ الحيوانات استشعرت أنّ الأمور بدأت تخرج عن السيطرة، ولذلك اتّحدت مع بعضها البعض.

هكذا، عندما أشعل أحد الجيران المشواة لإعداد بعض الهمبرغر للغداء، انقضّ عليه قطيع من الكلاب.

أكل بعض الناس بقايا الهوت دوغ من حفلة المسبح التي أقيمت ليلة أمس، وحاول أولئك المراهقون الذين كانوا يتمركزون في أعلى التلّ إنقاذ بعض من ذخيرتهم التي سقطت في الحقل.

لم أكن جائعاً بقدر ما كنت متوتّراً. فمن المعلوم أنّ الناس يرتكبون أموراً جنونية عندما يصابون باليأس، ولم تكن لديّ أدنى فكرة كم يمكن أن تسوء الأمور هنا. لذلك قرّرت أن أخلع قميصي لكي أظهر للجميع أنّني لستُ صيداً سميناً.

الأمر الآخر الذي أثار قلقي كان الطقس. فبحسب هاتف والدي، من المتوقّع هبوب عاصفة أخرى الليلة، وكان ذلك آخر ما يحتاج إليه هذا المخيّم.

قالت أمّي إنّ الجميع يبالغون في ردود أفعالهم، وإنّه بحلول الصباح، سيقوم أحدهم بإصلاح الجسر لتعود الأمور الى طبيعتها.

ولكن حين خيّم الليل من دون أن يلوح أيّ انفراج في الأفق، تأزّمت الأمور أكثر في المخيّم. وعندما قُلبَت إحدى العربات على أيدي أناس اعتقدوا أنّ قاطنيها يخزّنون الأطعمة المعلّبة وورق الحمّام، أقرّت أمّي أخيراً أنّ الوضع بات خطيراً.

الآن، صرنا نرغب جميعنا في الخروج من هذا المكان، ولكن لم يعرف أيّ منّا سبيلاً إلى ذلك. في تلك اللحظة، خطر الجدول ببالي.

تذكّرت أنّ جزءاً منه كان ضحلاً حقّاً، وخطر ببالي أنّنا قد نتمكّن من قيادة العربة فوق الصخور، والوصول بها إلى برّ الأمان على الضفّة الأخرى.

ظننت أنّ أفراد أسرتي سيجدون هذه الفكرة غبيّة. لكن عندما سمعنا عربة على مسافة قصيرة منّا تتعرّض للتخريب، أصبحنا مستعدّين لتجربة أيّ شيء للخروج من هذه الورطة.

لم نرغب في لفت انتباه النزلاء إلينا عبر تشغيل محرّك العربة، لذلك دفعناها عن المنصّة، ومنها إلى سفح التلّ. ثمّ ما لبثت العربة أن بدأت تتحرّك من تلقاء نفسها على الطريق.

المشكلة الوحيدة أنّنا نسينا نزع أنبوب مياه الصرف قبل تحريكها من مكانها، وهذا ما تسبّب بفوضى عارمة.

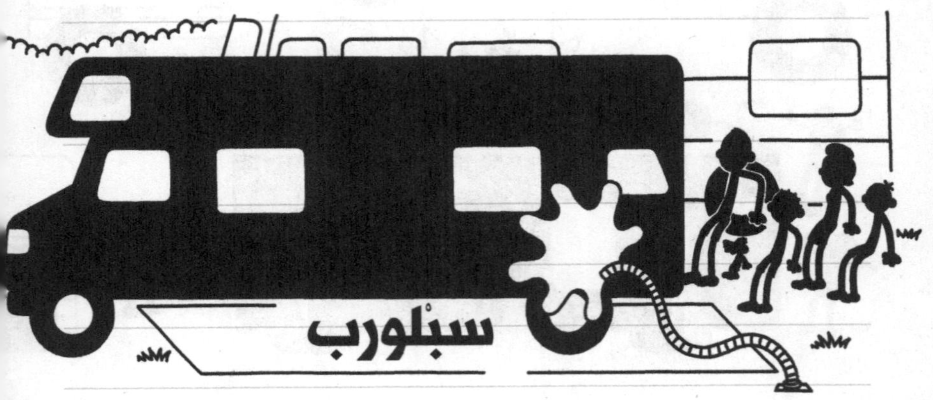

لكن لم يكن خيار العودة إلى الوراء متاحاً، وعندما بدأت سرعة العربة تزداد، صعدنا جميعاً إلى متنها.

أخيراً، وصلنا إلى أسفل التلّ، وهناك، كانت البحيرة تصبّ في الجدول. عندما أصبحنا على مسافة آمنة من بقيّة النزلاء، شعرنا أنّه بات بإمكاننا تشغيل المحرّك من دون إثارة الشكوك.

أبقينا مصابيح العربة مطفأة، لأنّنا لم نرغب في أن يرانا أحد. ولكن نتيجة لذلك، واجهنا صعوبة في العثور على البقعة الضحلة من الجدول.

كان المطر قد بدأ يتساقط، وراح يزداد غزارة مع مرور الوقت. لكنّني استطعت أخيراً إيجاد الجزء الضحل من الجدول، الأمر الذي بعث فينا شيئاً من الارتياح.

وجّه أبي العربة نحو الجدول، ثمّ ضغط بقدمه على دوّاسة الوقود ليتمكّن من السير بها فوق القاع الصخري. بدأنا نتقدّم ببطء، وللحظات بدا لنا كأنّنا سننجح في عبور الجدول من دون مشاكل.

لكن ما إن وصلنا إلى وسط الجدول، حتّى أصدر المحرّك صوتاً مريعاً أثار الهلع في نفوسنا، ثمّ توقّفت العربة تماماً.

كنّا عالقين على صخرة ضخمة، بينما سقطت قطعة ما من أسفل العربة، وشُلّت حركتها تماماً. صحيح أنّني لست خبيراً على الإطلاق في مجال السيّارات، ولكن أيّاً يكن ذلك الشيء، فقد بدا مهمّاً جدّاً.

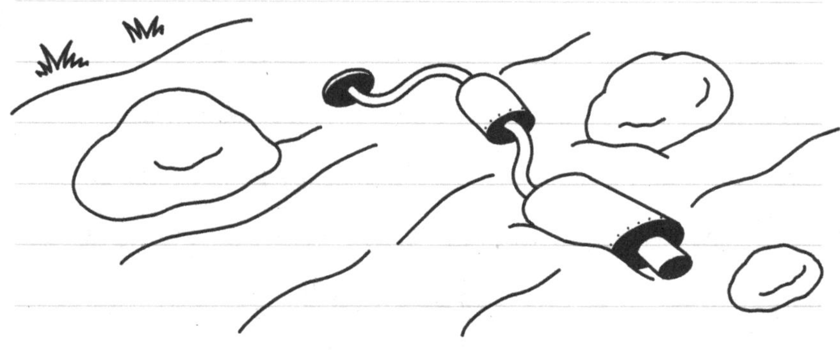

لكن سرعان ما تبيّن لنا أنّ ذاك كان أصغر همومنا. إذ راح المطر يهطل بغزارة أكبر، ثمّ بدأ منسوب المياه بالارتفاع على نحو مفاجئ.

أصبحت الفجوة التي كانت موصولة بأنبوب التصريف تحت مستوى الماء، ولم تمضِ دقائق، حتّى بدأ نظام الصرف يرتدّ إلى الداخل.

فاضت المياه القذرة من الحمّام ووصلت إلى الجزء المخصّص للمعيشة، فاضطررنا لتسلّق الأثاث ورفعنا أرجلنا عن الأرض. عرفنا أنّنا لن نتمكّن من المكوث طويلاً داخل العربة، لذلك حاولنا الخروج منها. بيد أنّ مياه الجدول كانت تتدفّق بسرعة كبيرة، ولم يعد من الآمن لنا المغادرة.

كانت العربة تمتلئ حقّاً بالمياه، الأمر الذي اضطرّنا إلى تسلّق أماكن أعلى. هكذا، صعد رودريك إلى السطح أوّلاً، ثمّ ساعد من تبقّى منّا للوصول إلى الأمان.

لكن ما إن أصبحنا على السطح، حتّى بدأت العربة تدور بنا.

تدفّق الجدول بسرعة أكبر، بحيث رفع العربة عن الصخور التي كانت عالقة عليها. وبعد خمس ثوانٍ، بدأنا ننجرف مع التيّار.

كنّا متّجهين مباشرة نحو ذلك الجسر. وأدركنا أنّنا إذا بقينا حيث نحن على السطح، فإنّ رؤوسنا ستصطدم به لا محالة.

في تلك اللحظة، لمحتُ بعض وسائد مقاعد المطبخ التي كانت تعوم خارج الباب الجانبي. فقفزت أوّلاً على إحداها، ثمّ حذا الباقون حذوي.

كان ماني الوحيد بيننا الذي لم يقفز. إذ عاد ذلك الولد إلى داخل العربة، وجلس على مقعد السائق، وبدأ بالقيادة.

أصبنا جميعنا بالهلع، لأنّ العربة كانت على وشك أن تصطدم بالجسر.

ولكن في اللحظة الأخيرة، حوّل ماني مسار العجلات إلى اليسار، فبدأت العربة بالالتفاف. وعندما وصلَت إلى الجسر، توقّفَت في مكانها تماماً.

غير أنّ ماني لم يكن قد أنجز مهمّته بعد. إذ خرج من النافذة، وتسلّق إلى السطح، ثمّ استعمل البندقيّة المضيئة للمرّة الثانية في هذه الرحلة.

مع أنّ المطر كان يتساقط بغزارة، إلّا أنّ الوهج أضاء السماء بنور ساطع. وبعد بضع ثوانٍ، رأينا مصابيح آتية باتّجاهنا. ظننتُ في البداية أنّ الناس هُرعوا لإنقاذنا. ولكن عندما وصلوا إلى الجسر، تابعوا طريقهم من دون أن يكترثوا بنا.

استغرق عبور جميع العربات بمن فيها إلى الضفّة الأخرى ساعة كاملة.

وعندما عبرت آخر درّاجة ناريّة الجسر، لم يعد يعكّر سكون الليل سوى صوت المطر.

الأحد

بعد أن خلا المخيّم من قاطنيه، لم يتبقَّ أحد غيرنا. ومع رحيل جميع النزلاء، استطاعت أسرتي أخيراً أن تستمتع بهذا المكان. وهذه المرّة، لم يَخِب أملُنا فيه، لا بل استحقّ اسمه فعلاً.

إذاً، كلّ ما كان يحتاج إليه هذا المكان ليتحوّل إلى مكان جميل هو رحيل الجميع.

بعد يومين من انتهاء العاصفة، عادت عربة التوصيل لتزويد متجر المخيّم بالبضائع. وفي تلك الليلة، أكلنا مثل الملوك.

كانت البحيرة بأكملها لنا وحدنا أيضاً. وبما أنّ منسوب المياه ارتفع، فقد استمتعنا حقّاً.

بلوش

لا أقصد أن أكون سخيفاً، ولكنّنا تمكّنا في الواقع من تسجيل بعض الذكريات السعيدة خلال إقامتنا.

مع ذلك، كنت على حقّ في ما قلته في البداية، لأنّ الأمر احتاج بالفعل إلى أعجوبة لكي يتحقّق.

غير أنّني لست واثقاً من أننا كنّا بحاجة إلى خوض كلّ هذه الدراما لكي نمضي وقتاً ممتعاً. لذا، عندما نرغب في المرّة التالية بالقيام بشيء ما كأسرة، ربّما نكتفي بنشاط مملّ، مثل لعب الميني غولف.

أنا أتوق لإخبار راولي بكلّ الأحداث التي مررنا بها في هذه العطلة عندما أعود، لكنّني سأغفل على الأرجح الأجزاء التي لم تكن مسلّية حقّاً.

وعندما أصل إلى الخاتمة، سأحرص حتماً على تغيير بعض التفاصيل لكي يبدو كلّ شيء عظيماً.

شكر

شكراً لكل محبي سلسلة «مذكرات طالب» لأنهم ألهموني وحفّزوني على كتابة هذه الحكايات. شكراً لكل أصحاب المكتبات لأنهم وضعوا كتبي في متناول الأولاد.

شكراً لأفراد عائلتي على كل الحب والدعم. أمتعتني فعلاً مشاركتكم هذه التجربة.

شكراً لكل الزملاء في «منشورات أبرامز» لأنهم عملوا بكدّ لإصدار هذا الكتاب. شكراً خاصاً لرئيس التحرير تشارلي كوشمان، والناشر جايسون ويلز، ومدير التحرير سكوت أويرباش.

شكراً لكل شخص في هوليوود عمل بكدّ لإنجاح شخصية غريغ هيفلي؛ ولاسيما نينا، وبراد، وكارلا، وريلي، وإليزابيت، وثور. وشكراً لكما سيلفي وكيث على مساعدتكما وإرشادكما.

الكاتب

جيف كيني هو أحد المؤلفين الأكثر مبيعاً على لائحة نيويورك تايمز، وقد فاز ست مرات بجائزة الكتاب المفضل للأولاد من نيكلوديون. كما تمت تسمية جيف واحداً من أكثر الشخصيات المئة المؤثرين في العالم على لائحة مجلة تايمز. وهو منشئ موقع بوبتروبيكا Poptropica الذي اختارته مجلة تايم واحداً من أفضل خمسين موقع إنترنت. قضى طفولته في واشنطن، العاصمة، ثم انتقل إلى نيوإنغلند في العام 1995. وهو يعيش حاليًّا مع زوجته وولديه في ماساتشوستس حيث يملكون مكتبة تدعى An Unlikely Story.